양손잡이 조직 웅진씽크빅의 혁신

서울대학교 경영연구소
기업경영사연구총서 32

양손잡이 조직 웅진씽크빅의 혁신

펴낸곳 서울대학교출판문화원
펴낸이 오연천
지은이 김성수

초판 1쇄 인쇄 2012년 2월 20일
초판 1쇄 발행 2012년 2월 25일
출판등록 제15-3호

주소 서울 관악구 관악로 1 우편번호 151-742
대표전화 02-880-5252 **팩스** 02-888-4148
마케팅팀(주문상담) 02-889-4424, 02-880-7995
이메일 snubook@snu.ac.kr
홈페이지 www.snupress.com
영문홈페이지 eng.snupress.com

ISBN 978-89-521-1314-6 94320
세트 978-89-521-1016-9

서울대학교 경영연구소 기업경영사연구총서 32

양손잡이 조직 웅진씽크빅의 혁신

김성수 지음

서울대학교출판문화원

Innovations of Woongjin ThinkBig

Seongsu Kim

Seoul National University Press

머리말

본 서는 출판업계의 치열한 경쟁에서 앞서 나가기 위해 조직 구성원의 창의성을 북돋고 활용하기 위해 노력하고 있는 웅진씽크빅의 사례를 자세히 설명하였다. 웅진씽크빅은 1980년 7명의 직원에 자본금 7,000만 원으로 출발해, 전집과 학습지의 성공을 통해 업계 대표 기업 중 하나로 성장하였다.

웅진은 2010년 창립 30년을 맞으면서 윤석금 회장의 선언을 통해 앞으로 영속하는 기업이 되기 위해 전사적인 혁신 활동을 펼칠 것을 발표했다. 전사적 혁신활동은 사원 전원이 가진 생각과 행동을 바꾸고 조직의 시스템까지 바꾸어 앞으로도 지속적으로 발전하는 건강한 기업을 만들고자 하는 목적을 두고 진행된 것이었다.

웅진의 혁신 활동은 구성원의 창의성과 참여를 유도하기 위해 다양한 방식으로 진행되었다. 처음에는 작은 규모로 시작했으나 구성원의 적극적 참여와 혁신으로 인한 성과 제고에 용기를 얻어 혁신 활동은 커다란 추진력을 얻어 활발히 진행되고 있다. 그중에서도 웅진의 혁신 3종 세트로 알려진 이노홀릭(Inno-holic), 브라보(Bravo), 이노밸리(Inno-valley)는 매우 활발히 진행되고 있으며, 구성원들은 다양한 혁신 활동을 통하여 업무에 커다란 의욕을 느끼고 회사에 기여하는 보람을 동시에 맛보고 있다. 그 결과 웅진씽크빅은 '제17회 기업혁신 대상'에서 지식경제부 장관상을 수상한 바 있다.

본 서의 저술을 위해 웅진씽크빅은 적극적으로 자료를 제공하여 주었다. 이 자리를 빌어서 회사 관계자께 감사를 드린다.

마지막으로 본 서의 정리와 저술을 위해 커다란 도움을 준 박미혜 석사에게 깊은 감사의 뜻을 표한다. 본 서가 기업의 혁신활동이나 출판업에 관심 있는 모든 분들에게 자그마한 도움이라도 되기를 바라면서 이만 맺고자 한다.

2012. 2.

관악산을 바라보며
저자 김성수

차 례

제Ⅲ장 웅진씽크빅의 인재개발

그림차례

제 I 장

웅진씽크빅 개요

1 웅진의 역사

2010년 4월 1일은 웅진그룹의 창업 30주년이자 웅진씽크빅 창업 30주년이 되는 날이었다. 7명의 직원에 자본금 7,000만 원으로 출발해, 전집과 학습지의 성공을 통해 그룹으로 성장하는 기반을 다진 웅진씽크빅은 2007년 단행본 부문 매출에서 업계 1위를 달성했다. 2011년 웅진씽크빅은 '서른선언'을 발표하며 창립부터 지금까지 이어온 회사의 역사와 문화를 바탕으로 앞으로 어떤 회사로 성장할 것인가에 대한 비전을 제시했다.

30년 전 윤석금 회장은 좋은 책을 만드는 '교육출판문화 기업'을 향한 웅진의 초석을 다졌다. 전집도서와 학습지, 단행본에 걸친 책을 만들었고 오늘날 웅진이 그룹사로 성장하는 발판을 마련했다. 이후 김준희 대표는 웅진출판의 사명을 웅진씽크빅으로 변경하고, '교육출판문화기업'에 서비스 개념을 추가했다. 이 시기에 웅진씽크빅은 기업 정체성을 확고히 다지는 동시에, 학습지와 전집 분야의 대표 브랜드를 탄생시키며 크게 성장했다. 2008년 12월 취임한 최봉수 대표는 웅진씽크빅이 교육출판 솔루션 기업으로 거듭나야 한다는 판단 아래 기업 개념을 새롭게 정의했다. '교육출판서비스' 기업에서 '글로벌교육문화기업'으로 변화하는 것이다.

이렇게 지난 30년을 바탕으로 미래의 또 다른 30년을 준비하는 웅진의 역사는, 윤석금 회장이 처음으로 회사를 설립한 1980년에 시작된다.

웅진그룹의 윤석금 회장은 미국 경제 전문지 『포브스』가 발표한 '자수성가형 부자'에 꼽힌 바 있다. 그는 한국 브리태니커 회사의 백과사전 판매인으로서 상무의 직책을 가지고 있다가 1978년부터 창업이라는 새로운 도전을 준비했다. 외국자본을 들여올 궁리를 한 윤석금 회장은 해외 업체에 일일이 접촉한 결과 일본의 헤임인터내셔널의 답신으로 사업계획을 진전시킬 수 있었다. 헤임은 〈메슬〉이라는 영어회화 교재를 발매해 제법 명성을 얻고 있는 회사였다.

그러나 좋지 않던 경제 상황과 더불어 박정희 대통령의 피살로 이어진 정국의 혼란에 한국에 진출해 있던 외국 기업들은 빠른 속도로 빠져나가기 시작했고 외국자본의 한국에의 신규 투자는 기대하기 어려워졌다. 그럼에도 불구하고, 윤석금 상무의 긍정적인 평판을 들은 헤임인터내셔널의 미우라 사장은 투자를 결심했고, '윤석금 사장이 경영을 맡으며, 모든 이익금은 일본으로 회수하지 않고 주식회사 헤임인터내셔널 한국지사에 대투자한다'는 파격적인 조건으로 협상이 마무리되었다.

1980년 3월 29일, 도서출판 헤임인터내셔널(이하 도서출판 헤임)의 설립 등기를 마쳤다. 다음 날인 3월 30일, 윤석금 사장이 취임했다. 이것이 오늘날 웅진그룹의 첫걸음이었다.

본격적으로 웅진의 역사를 알아가기에 앞서, 본 서의 내용은 웅진그룹(웅진홀딩스) 발행 『서른살의 웅진이야기』와 웅진씽크빅 발행 『웅진씽크빅 2009 지속가능경영 보고서』에서 상당 부분 인용했음을 밝혀둔다.

1) 첫 상품, 영어 교재 〈메슬〉의 성공

일본에서 선풍적인 인기를 끌고 있던 영어회화 테이프인 〈메슬(MESL: Modern English Self Learning)〉을 첫 상품으로 눈여겨보게 되었다. 〈메슬〉은 미국과 대만, 일본의 학자들이 동양인의 언어습관에 적합하도록 제작한 과학적인 교재였다. 그러나 일본인의 생활환경이나 언어습관을 고려해 만든 데다 해설서와 텍스트북이 일본어로 되어 있어, 우리나라에서 판매하려면 한글 해설서가 필요했고 교재와 테이프 내용도 한국인의 환경에 맞도록 고쳐야 했다. 텍스트와 한글판 해설서를 만들고, 이를 번역할 국내 편집팀을 8명의 교수진으로 구성하였다.

마침내 1980년 6월 28일 〈메슬〉 텍스트 30권과 한글판 해설서 30권이 도서출판 헤임의 첫 상품으로 발행되었다. 〈메슬〉은 고가품이었지만 차별화된 제품력을 가졌다. 내용과 편집이 돋보였고 알타이어계 사람들이 공부하기에 적합한 교재라는 평가가 고객들의 마음을 움직여, 고객들의 주문이 폭주하는 성과를 거두었다.

또한 〈메슬〉 편집작업이 한창이던 5월 1일 주식회사 헤임인터내셔널 한국 지사가 설립되었다. 도서출판 헤임에서 제작한 상품을 판매하고 관리할 회사였다. 헤임인터내셔널 한국 지사에는 사무국과 사업국을 두었고, 사업국에는 7개의 지부를 두고 각 지부장 아래 186명의 에이전트로 영업망을 갖추었다.

2) 학습지 〈헤임고교학습〉

1980년 7월, 국가보위비상대책회의에서 과외금지 조치가 내려졌고, 윤석금 사장은 과외가 금지되니 강사의 수업내용을 녹음해서 학습 테이프를 만들어 내놓으면 어떨까라는 생각을 하게 되었다. 이에 법적인 문제가 없다는 것을 확인한 후 윤석금 사장은 곧바로 학습 테이프 개발에 착수했다.

1981년 12월 20일, 도서출판 헤임의 두 번째 상품인 〈헤임고교학습〉이 탄생했다. 그러나 공을 들인 만큼 판매가 되지 않았다. 출판사로서 인지도가 낮은 데다, 〈헤임고교학습〉의 우수성을 설명하기에는 전문성이 부족했다. 윤석금 사장은 신문광고를 통해 인지도를 높여나가는 한편 제품에 대한 설득력을 높이기 위해 전직 교사를 세일즈맨으로 대거 채용해 학부모와 학생들의 신뢰를 얻어갔다. 이에 힘입어 〈헤임고교학습〉의 판매가 점차 늘어나 발간 1년 만에 한국 학습지의 대명사로 떠올랐고, 이를 토대로 도서출판 헤임과 헤임인터내셔널 한국지사는 조직과 재정 면에서 안정적인 기반을 쌓을 수 있었다.

3) 신화가 된 〈어린이마을〉

〈메슬〉에 이어 〈헤임고교학습〉이 성공을 거두면서 윤석금 사장은 다시 한 번 새로운 비상을 꿈꾸게 되었다. 헤임인터내셔널은 엄격히 말하면 일본의 자본을 끌어들여 만든 판매 회사였다. 윤석금 사장은 좋은 책을 직접 만드는 출판사업을 해보고 싶었다. 이 새로운 프로젝트를 위해 1982년 9월, 도서출판 헤임에 편집개발부가 만들어진다.

윤석금 사장은 편집개발부를 우리나라 최고 수준의 편집 인력으로 구성하고 싶어했다. 그러나 이름이 알려지지 않은 소규모 출판사에서 고급 인력을 모으는 것은 쉽지 않을 것이라고 판단하여, 궁리 끝에 학생운동에 가담하여 사회 진출에 어려움을 겪고 있던 이른바 '운동권' 출신들을 과감하게 기용하였다. 서울대학교 운동권 출신을 축으로 하는 편집팀이 구성되었다.

이들에게, 어린이들에게 우리 것을 제대로 알려주는 아동 전집물을 발간하는 첫 일이 주어졌다. 이 작업을 진행하면서 우리말로 된 이름을 갖는 것이 좋겠다는 중지를 모아 '웅진'이라는 이름이 선택되었다. 도서출판 헤임은 자본금 7,000만 원으로 주식회사로 전환하여 '웅진출판주식회사'라고 상호 변경을 하고, 1983년 4월 1일 윤석금 사장이 대표이사에 취임했다. 또한 이 날을 창립기념일로 삼았다.

그 무렵 우리 사회는 외국 문화가 무차별로 범람해 우리 문화의 정체성을 잃어버릴 위기에 놓여 있었으며, 어린이들에게 권하는 책들 역시 외국 도서를 차용한 것들이 대부분이었다. 윤석금 사장은 이런 현실이 안타까웠고, 아이들에게 우리가 보존할 만한 전통가치를 알려주고 우리의 자연과 문화를 많이 보여줄 수 있는 책을 만들어주고 싶었다. 이런 바람에 기획된 것이 〈어린이마을〉이다.

〈어린이마을〉은 1월부터 12월까지 월별로 만든 12권에 계절의 변화에 따른 우리의 모듬살이 문화와 자연에 대해 설명하면서, 역사와 풍습은 물론 각 고장의 특색 있는 생태와 환경을 담았다. 특히 아이들에게 이 땅의 진정한 모습을 보여준다는 마음가짐으로 전국 방방곡곡을 다니며 산과 들, 풀과 들꽃을 생생하게 찍었다. 낙동강 하구에서 철새의 생태를 찍는 데만 무려 9,000컷의 필름을 사용한 일화는 유명하다. 일러스트에도 정성을 쏟고, 때로는 입체적이고 실감나는 표현을 위해 투박하고 정감 어린 우리 얼굴을 가진 인형을 제작해 사용하기도 했다.

1983년 7월 〈어린이마을〉 1차분 세 권이 먼저 출간되자 언론에서는 '지금까지 한국 아동교육과 아동문화가 이룩한 총결산인 동시에 전인교육이 무엇인지를 알려주는 첫 시도라는 점에서 앞으로 1980~1990년대 한국 아동교육 및 출판문화 발전에 획기적인 역할을 담당할 것'이라는 찬사를 보냈다. 1984년 2월 〈어린이마을〉 기본서 12권이 완간되자 각계로부터 '교과서로 사용해도 될 만큼 훌륭한 도서'라는 평을 받았다.

〈어린이마을〉은 그 해 6월 16일 기본도서에 대한 해설을 달아 어머니들의 이해를 높인 〈어머니책〉 12권, 아이들이 직접 참여해 만들고 쓰고 그려보는 〈스스로 해보기 책〉 12권을 포함해 모두 36권으로 완간되었다. 〈어린이마을〉은 700여 만 권의 판매량과 450억 원이라는 놀라운 매출액을 기록했다. 〈어린이마을〉의 신화는 오늘날까지 이어져 경기도 이천에 자연생태 학습시설인 '웅진어린이마을'을 탄생시키는 밑거름이 되었다.

4) 다양한 전집도서와 백과사전

〈어린이마을〉 편집이 진행 중이던 1983년 5월 〈어린이마을〉 편집자문위원이 1981년에 작고한 이원수 선생의 전집 출간을 제의했다. '이 땅의 어린이를 위한 우리 책 개발'의 뜻을 가지고 있는 출판사로서 책임의식을 느낀 윤석금 사장은 아동문학과를 신설하였고, 여기에서 1년에 걸친 편집작업을 통해 1984년 4월 1일 30권의 책묶음이 발행되었다. 〈이원수아동문학전집〉은 많은 찬사를 받았고 이 성공은 곧 〈새싹의 벗 윤석중전집〉으로 이어졌다.

짧게는 3년, 길게는 6년에 걸쳐 기획되고 개발된 다양한 전집도서들은 초창기 웅진출판을 대표하는 분야로 그 목록을 채워나갔다. 오랜 세월 동안 우리 민족에 전해 내려오는 선조의 슬기, 아름다운 품성, 고유의 정서가 담겨 있는 이야기들을 담은 〈한국전래동화〉는 '우리 것 찾기'를 표방한 웅진출판이 내놓은 또 하나의 역작이었다. 1985년 5월 모두 20권으로 발간된 〈한국전래동화〉에 이어 1986년 4월에는 〈세계전래동화〉가 발간되었다.

1990년 6월에는 '우리 것'과 '세계 것'의 올바른 의미를 되새겨보자는 의도로 〈웅진애니메이션 한국의 역사〉가 발간되었고, 이것은 역사와 만화의 접목이라는 형식으로 큰 주목을 받았다. 〈웅진 애니메이션 세계의 역사〉도 잇달아 기획되었는데, 이 두 전집 시리즈는 해외 출판사로부터도 호평을 받아, 한국의 역사는 일본에, 세계의 역사는 대만에 각각 저작권 수출을 했다.

〈웅진위인전기〉는 한국편 30권, 세계편 30권과 인명사전 두 권을 포함해 총 62권으로 발간되었다. 1999년까지 30만여 질이 팔려 1,000억 원대의 매출을 올렸다. 웅진위인전기는 장군이나 열사 같은 일반적인 위인 중심에서 벗어나 다양한 분야에서 두각을 드러낸 전문가들을 대상으로 삼았고, 평범하게 태어났지만 스스로 운명을 개척해 치열하게 살아온 인물을 발굴해 조명했다. 일대기 기술에서도 생애와 업적을 나열하는 방식에서 벗어나 과장과 미화를 피하는 새로운 접근 방법을 시도했다. 〈웅진위인전기〉의 취지는 2005년 발간한 〈바투바투 인물이야기〉로 그 맥을 이어 나갔다. 바투바투는 '둘 사이가 썩 가깝게'란 뜻으로 위인에 대한 고정관념을 뒤엎고 아이들이 위인을 친근하게 느끼도록 한 관점으로 큰 반향을 불러일으켰다. 대한민국 출판문화대상을 받았고 이때까지 나왔던 모든 위인전을 다 합친 것보다 더 많이 팔려나가는 성과를 거뒀다.

1993년 7월에는 〈한국의 자연탐험〉이 70권으로 완간되었다. 우리 기술로 백두산 천지에서 제주 바다 속까지, 우리나라에 어떤 동식물이 어떻게 살아가는지 한국의 자연 생태계를 최초로 정리한 전집을 만들고 싶다는 윤석금 사장의 의지를 담아 만든 책이다. 웅진은 책을 개발할 때 그것이 자연에 관한 것이든, 과학에 관한 것이든 우리 것에 대해 바로 알리면서 세계를 담아야 한다는 정신을 확고히 갖고 있었다. 1998년 6월에 펴낸 〈웅진과학탐험〉 역시 지구 전체의 기후, 지질, 환경, 공룡, 물, 빛, 발명의 세계를 다루되 주제 안에서 보여줄 수 있는 우리 것을 담아내는 노력을 거쳐 탄생했다.

'우리 것 찾기'에 대한 웅진출판의 열정은 〈21세기 웅진학습백과사전〉을 내놓으면서 절정을 이룬다. "획일적이고 단편적인 전과나 참고서류가 부교재의 전부인 상황에서 아이들의 창의력과 상상력을 키우겠다는 것은 나무에서 물고기를 구하는 것과 같다"는 인식에서 출발한 웅진출판은 1994년 백과사전 개발에 착수한다. 미국의 〈월드북〉 백과사전과 제휴해 전세계에 대한 광범위한 내용을 풍부하게 확보하고, 국내 필진을 통해 우리나라 사람들에게 필요한 항목을 집필 · 보완했으며 창의적이고 독특한 시각을 반영하여 3년 6개월 동안 65억 원의 개발비를 들여 1998년 4월, CD-ROM과 함께 〈21세기 웅진학습백과사전〉을 출간했다. 〈21세기 웅진학습백과사전〉은 형식에도 변화를 추구했으며, 국내 최초로 해마다 개정판을 내고 기존 구매자들을 위해 개정된 부분만을 모은 보유편 '플러스북'을 발간하는 혁신을 꾀했다. 이러한 노력 덕분에 〈21세기 웅진학습백과사전〉은 IMF 경제 위기 중에 출간되었음에도 불구하고, 한 달 만에 2만 2500질을 판매하는 성과를 올리고 웅진출판이 IMF 위기를 순조롭게 넘기는 데 큰 몫을 했다.

5) 창의적 발상의 학습지 〈웅진아이큐〉와 〈웅진씽크빅〉

1980년대 중반 연매출액이 100억 원에 이를 만큼 매출 규모는 급성장했지만 자금 사정은 오히려 악화되고 있었다. 방문판매라는 영업방식에서 비롯된 구조적인 문제였다. 이때 윤석금 사장은 월간 잡지의 정기 구독자들이 1년 구독료를 일시불로 먼저 낸다는 사실을 떠올리고, 학습지를 만들어 월간지처럼 정기 구독료를 미리 받는 아이디어를 냈다.

1980년대 초반 침체됐던 국내 경기가 회복되어 가고 있었고, 더욱 강화된 성장중심의 정책이 산업화를 가속시키면서 고소득 전문직에 대한 선망을 더 키웠다. 이런 사회적 분위기가 교육열로 이어졌고, 높아진 기대를 충족시킬 새로운 학습교재의 필요성이 대두되었다.

회원제 운영으로 1년치의 구독료를 먼저 받는 학습지 아이디어로 월간 종합 학습지 개발에 착수해 1986년 2월, 월간 학습지 제작진이 구성되었다. 기획단계에서부터 새로운 접근을 시도했고 낡거나 진부하지 않은 새로운 내용을 담은 교재를 만들기로 했다. 그 내용에 걸맞은 품질에 정성을 기울여, 회원제 학습지 〈웅진아이큐〉가 1986년 8월 1일 3~4세용, 5~6세용, 초등학교, 중학교용의 4단계로 나뉘어 발간되었다. 창간한 지 6개월 만에 회원수는 20만 명을 넘어섰고, 1년이 지나자 정기구독 회원은 42만 명으로 늘어났다.

웅진이 〈웅진씽크빅〉을 출시하며 학습지 시장에 진출한 해는 1994년이다. 이때는 이미 다른 교육 출판업체들이 시장을 선점하고 있었고, 일본의 학습지까지 들여와 활발하게 시장을 개척하고 있었다. 그런데 웅진이 교사 지도형 학습지 시장에 후발주자로 뒤늦게 뛰어든 것이다. 이에는 또 하나의 스토리가 있다.

우리나라 일일학습지는 1960년 (주)아이템플에 의해 처음으로 시작되었다. 우편으로 배달되는 원격교육의 한 방식이던 이 일일학습지는 조금씩 진화를 거듭해 자습형태로 문제를 풀고 직접 답안을 맞춰보는 보급형 일일학습지 형태를 거쳐 매주 일정한 횟수로 방문하는 교사의 도움을 받아 학습하는 지도형 학습지로 변모해갔다. 같은 무렵에 등장한 다른 학습지들도 같은 양상을 보였다. 그러던 과정에 입시 열풍으로 사교육이 기승을 부려 1980년에 등장한 신군부가 국보위를 통해 과외금지 조치를 내리고 이듬해 '학원의 설립과 운영에 관한 법률'을 제정, 이를 법제화했다. 이에 따라 과외교습이 전면 금지되자 학습지 시장도 타격을 받았다. 학습지를 발행하면 교사가 가정을 방문해서 학생을 가르쳐야 하는데, 이 역시 '학원의 설립과 운영에 관한 법률' 제3조의 누구든지 과외를 하여서는 안 된다는 규정을 엄격히 적용하면 과외교습 행위로 간주되었기 때문이다. 하지만 과외교습은 줄어들지 않았고, 방문교사에 의존하던 학습지 시장도 음성적으로 변했을 뿐 그 수요는 꾸준히 증가했다.

1980년대 학습지 시장의 성장을 지켜보던 웅진출판은 방문교사가 과연 사교육에 해당하는지에 대한 법률 해석 문제로 고심하면서 학습지 시장에 뛰어들지 않았다. 어떤 경우에도, 또 아무리 사소하다 해도 법에 저촉되는 사업을 할 수는 없다는 것이 윤 사장의 신념이었다.

웅진출판이 비로소 아이들에게 맞는 교육방식으로 제대로 된 학습지를 만들어 보겠다는 의지를 펼치기 시작한 것은 1990년대에 들어선 후였다. 웅진출판 편집부는 단순한 지식 암기 위주의 주입식 교육에서 탈피해 창의력과 사고력을 키워줄 수 있는 새로운 종류의 학습 프로그램을 개발해보자는 데 한양대학교 김용운 교수와 뜻을 같이 했다. 1992년 5월, 과목에 대한 이론적 토대를 가진 교수를 필자로 하여 만든 최초의 학습지가 개발되었다.

그러던 중 김영삼 정부가 들어서면서 사회 모든 분야에서 일기 시작한 민주화의 바람은 교육분야에도 영향을 주었다. 교육과 관련한 각종 규제들이 철폐되자 다시 사교육 시장은 활기를 띠기 시작했다.

웅진출판이 새로운 수학 학습지 〈웅진용운수학〉을 발간해 크게 주목을 받은 때는 신자유주의적 교육개혁론이 압도적인 지지를 받던 1994년 2월이었다. 〈웅진용운수학〉은 '코끼리를 냉장고에 넣는 법'이라는 이색적인 광고를 통해 화제를 낳기도 했는데, 이 광고 문구는 〈웅진용운수학〉의 철학을 고스란히 반영한 것이었다. 수학 공부를 통해 아이들의 논리력과 상상력, 창의력을 기르자는 게 〈웅진용운수학〉의 목표였다.

이듬해인 1995년 4월, 웅진출판은 창의력 학습에 대한 학부모들의 관심과 요구로 수학 과목과 같은 원리로 개발한 국어 과목을 내놓으면서 브랜드 이름을 〈웅진씽크빅〉으로 통합했다. 그리고 그 해 10월, 영어 과목을 개발한 〈웅진씽크빅〉은 회원제 학습지 통합 브랜드로서 제 모습을 갖추고 본격적으로 학습지 시장에 뛰어들었다.

수학에서 시작한 창의력 학습지 바람은 고객들에게 큰 호응을 불러일으켜 〈웅진씽크빅〉은 1996년에는 250%의 성장률을 보였고, 이로써 웅진은 사업 시작 3년 만에 학습지 업계 '빅4'로 자리를 잡았다. 1999년 〈웅진씽크빅〉의

회원수는 50만 명을 넘어섰다.

6) 교육을 통한 여성 판매인 성공신화

여성 판매인 제도가 정착된 것은 1983년, 〈어린이마을〉을 발간하면서 '어린이마을 전문사업지구'가 탄생한 것이 그 시발점이었다. 우수한 판매인이 부족했고 〈어린이마을〉의 판매도 부진하여 윤 사장은 판매부진을 타개하기 위해 고심하다가 고학력 여성인력을 떠올렸다. 그 무렵 우리나라는 고등교육을 받은 여성들이 많이 늘어나긴 했지만, 우리나라의 보수적인 풍토에서 고학력 여성들의 사회진출 기회는 제한되어 있었다. 그러나 여성들의 사회참여의식은 날로 높아갔고, 결혼 후에도 계속 일을 하고 싶어 했다. 웅진은 여성들의 이런 욕구를 간파하였고, 더욱이 〈어린이마을〉은 아이와 어머니가 함께 보는 교육서였기 때문에 어머니들에게 이 책을 소개하려면 남성 판매인보다는 여성 판매인들이 훨씬 더 나을 것이라는 생각이 있었다.

1984년 봄, 웅진에서 처음으로 대졸 주부사원만을 따로 공개채용했다. 많은 여성들이 앞다퉈 지원했고, 그들 가운데 학교나 유치원에서 아이들을 가르친 경험이 있는 전직교사들을 중심으로 새 식구를 뽑았다. 이 여성 판매인들에게 판매기법보다 〈어린이마을〉을 개발하게 된 동기와 문화적 의의에 대해 집중 교육했다. 또 책을 팔기 전에 먼저 책을 읽어보게 해 '판매인'이 아닌 '자녀교육 전문가'가 되도록 유도하였다. 책에 대해 자긍심을 갖고 교육전문가로 다시 태어난 여성 판매인들의 활동이 눈에 띄게 활발해지면서 판매직을 지원하려는 여성의 수가 더 빠르게 늘어났다. 웅진의 여성 판매인 제도는 한국 방문판매 업계가 여성인력으로 전환되는 결정적 계기가 되었다.

〈어린이마을〉의 성공으로 여성 판매인들의 수가 빠르게 늘고, 제품과 여성인력의 능력이 결합하며 다양한 성공신화가 만들어졌다. 1986년 〈웅진아이큐〉의 창간으로 웅진의 판매조직은 완전히 여성들로 채워졌고, 창간 6개월 만에 회원수는 20만 명을 돌파했다. 이를 계기로 대대적 사업확장에 나서면서 웅진의 판매 조직은 급속도로 커졌다. 이때 눈부신 활약을 보인 여성 판매인들은 매니저로 속속 변신했고, 본부장 등 고위 매니저의 자리에 오르

그림 Ⅰ-1〉 웅진그룹 주요 연혁

시기	연월	내용
창업과 도약 (1980~1987)	1980. 03.	웅진씽크빅의 전신 '도서출판 헤임인터내셔널' 설립
	1983. 06.	헤임인터내셔널을 웅진출판주식회사로 사명 변경
	1985. 01.	<이원수아동문학전집> 제25회 한국출판문화상 제작 부문 수상
	1987. 12.	웅진식품 설립
성장과 도전 (1988~1993)	1988. 11.	코리아나 화장품 설립
	1989. 03.	웅진씽크빅 제23회 조세의 날 대통령 표창
	1989. 05.	웅진코웨이 설립
	1993. 11.	웅진코웨이 업계 최초 인공지능 마이컴 제어장치 냉온정수기 생산 및 판매 웅진코웨이 냉온정수기 'Q Mark' 획득
도약과 혁신 (1994~1997)	1994. 02.	웅진씽크빅 <한국의 자연탐험> 제34회 한국출판문화상 수상
	1994. 11.	웅진씽크빅 증권거래소 상장
	1996. 01.	북센 설립
	1996. 11.	웅진코웨이 '국산 신기술 인증(KT마크)' 수여(과학기술처)
위기와 기회 (1998~2002)	1998. 04.	웅진씽크빅 제7회 경제정의기업상 수상
	2000. 03.	웅진해피올 설립
	2001. 03.	웅진식품 <아침햇살> <초록매실> 통합 10억 병 판매
	2001. 10.	웅진코웨이 증권거래소 상장
	2001. 10.	웅진씽크빅 표준협회 선정, 한국 서비스 품질지수 1위 기업선정
변화와 전진 (2003~2006)	2003. 04.	웅진코웨이 렌탈 고객 200만 돌파
	2003. 06.	제1회 경영정보대상 수상(인재양성 부문)
	2004. 12.	웅진코웨이 소비자이 날 재경부장관 표창
	2005. 09.	웅진쿠첸 공식 출범
	2006. 11, 12	웅진에너지, 웅진패스원 설립
비상, ㅓ 높은 비상 (2007~)	2007. 03.	지주회사 웅진홀딩스 설립
	2007. 08.	극동건설 인수
	2009. 06.	웅진플레이도시 설립
	2009. 11.	윤석금 회장 <지속가능경영대상> 대통령 표창
	2010. 04	웅진 그룹, 30주년 창립기념식 개최

그림 Ⅰ-2 〉 웅진그룹 계열사

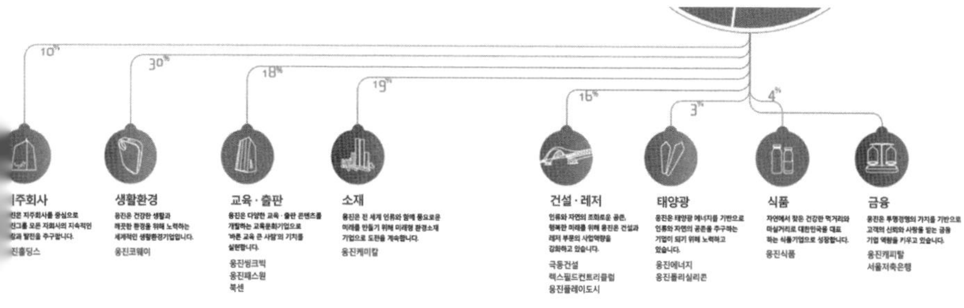

〈그림 Ⅰ-3〉 웅진씽크빅 주요 연혁

교육문화 솔루션기업을 향해 / 2000~

2011. 10	20011/12 다우존스 지속가능경영지수 평가에서 DJSI Korea 지수에 편입, 국내 미디어 산업 최우수 기업으로 선정
2011. 10	씽크U(수학, 사회과학, 영어), 제7회 이러닝 우수기업 콘테스트 서비스부문최우수상(교과부 장관상) 수상
2011. 07	웅진씽크빅 태국 교육시장 진출, 태국 트루디지털플러스와 스마트러닝 프로그램 출시하는 양해각서(MOU) 체결
2011. 06	영어콘텐츠 업체 '컴퍼스 미디어' 인수
2010. 10	수학전문 교육업체 에듀왕 인수
2010. 10	제5회 지속가능경영대상 '창조경영상' 수상
2010. 07	하나SK카드 제휴협약식, 웅진에듀프리멤버스 출시
2010. 02	KMAC 2010 한국에서 가장 존경받는 기업 선정(교육서비스 부문)
2010. 02	부산 사상구 국제화센터 개관식
2009. 09	경기도 · 경기도사회복지공동모금회, '다문화가정 아동 학습지원 혀버약식'을 체결
2009. 07	한국능률협회컨설팅(KMAC) 교육서비스 부문 '가장 일하고 싶은 기업' 1위 선정
2009. 03	중국출판집단공사 산하 '세계도서출판공사' 및 '세계도서출판공사 베이징공사'와 합작 계약 체결
2008. 09	단행본 그룹 중국현지법인 설립
2008. 08	(주)플러스어학원 흡수합병
2007. 08	보건복지부 아동인지능력향상서비스 사업자 선정
2007. 07	대전시 동구 국제화센터 운영 사업자 선정
2007. 05	(주)웅진홀딩스를 존속법인으로 인적분할에 의해 설립
2006. 09	인천 서구 영어마을 개원
2005. 04	창립 25주년 웅진씽크빅으로 사명 변경
2004. 08	<웅진씽크빅> 한국표준협회 한국서비스품질지수 학습지 부문 1위 선정
2004. 04	<팥죽할멈과 호랑이> 2004 볼로냐 국제아동도서전 가라치상 수상
2004. 02	<웅진씽크빅 수학>, <웅진씽크빅 영어> 일본 저작권 수출
2003. 09	미국 현지법인 BPC(Bearport Publishing Company) 설립

교육문화 기업으로 / 1990~

1998. 12	어린이 인물잡지 <생각쟁이> 창간
1998. 04	<21세기 웅진학습백과사전> 발간
1997. 12	<웅진씽크빅> 97한국소비자축제 소비자만족대상 수상
1997. 07	<웅진씽크빅 한자> 출시
1997. 04	초등학교 3학년 영어교과서 교육부 승인
1996. 10	남녀 고용 평등 우수회사 표창_노동부
1994. 11	유가증권시장 상장
1993. 08	일본 (주)인터내셔널프라자 한국지사 영업 양수
1993. 07	국내 최초 생태 보고서 <한국의 자연탐험> 발행
1991. 07	<웅진 애니메이션 한국의 역사> 일본 저작권 수출

국내 최고의 출판기업으로 / 1980~

1988. 06	제11회 한국출판학회 경영영업부문 수상
1987. 06	<웅진위인전기> 발행
1986. 08	<웅진아이큐> 창간 발행
1984. 04	<이원수아동문학전집> 발행
1983. 09	국내 첫 순수창작 전집 <어린이마을> 발행
1983. 03	웅진출판으로 법인명 전환
1981. 12	<헤임고교학습> 발행
1980. 03	도서출판 헤임인터내셔널 설립

는 일도 흔한 일이 되었다. 이와 동시에 고소득을 올리는 전문 판매인의 수도 늘면서 웅진은 여성의 성공신화를 창출하는 기업이라는 새로운 이미지를 굳히게 되었다.

특히 웅진은 직원들의 교육에 열성을 다했다. 판매인들이 일에 충실할 수 있었던 가장 중요한 동력은 완벽한 판매 매뉴얼과 더불어 판매인들을 대상으로 끊임없이 이루어졌던 재교육에서 나왔다고 할 수 있다.

7) 주식회사 웅진씽크빅의 재탄생

지금까지 보아 온 것처럼, 웅진씽크빅의 역사는 1980년 웅진의 설립과 그 맥을 같이 한다. '도서출판 헤임인터내셔널'이라는 이름으로 시작하여 1983년 '웅진출판주식회사'를 거쳐, 2005년 4월 교육 · 출판 기업으로서의 이미지를 강화하기 위해 '주식회사 웅진씽크빅'으로 재탄생하였다. 이후 2007년 5월에는 지주회사인 웅진홀딩스와 사업회사인 웅진씽크빅으로 분할하여 웅진홀딩스가 웅진씽크빅의 최대 주주로 변경되었다.

현재 웅진씽크빅은 프랑스, 일본, 중국, 대만, 인도네시아, 태국, 영국 등에 100여 종 이상의 저작권을 수출하고 있고, 미국과 중국에 합작법인을 설립하여 글로벌 교육출판 및 콘텐츠 기업으로 거듭나기 위한 발판을 마련하고 있다.

2 웅진씽크빅 사업 분야

웅진씽크빅은 연구개발, 교육문화사업, 미래교육사업, 단행본사업이라는 네 개의 바퀴를 중심으로 서 있으며, 최근 '글로벌 교육문화기업'으로 기업 개념이 재정의되면서 영어교육사업과 수학교육사업 등의 새로운 성장축이 생겨났다.

1) 교육문화사업

웅진씽크빅의 교육문화사업은 〈씽크빅〉, 〈한글깨치기〉, 〈스마트 잉글리시〉 등 회원제 과목 학습지의 판매와 학습지도를 제공하는 사업이다. 230여 개의 지국을 중심으로 전국적인 영업조직을 갖추고 있고, 9,000여 명의 학

〈그림 Ⅰ-4〉 웅진씽크빅 사업영역

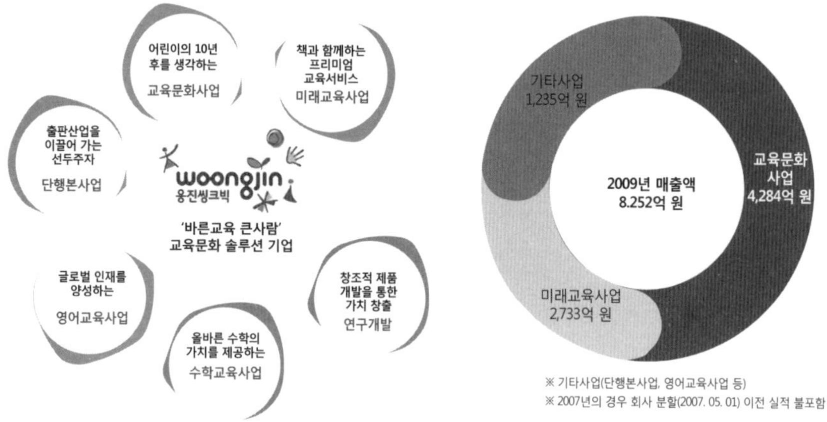

※ 기타사업(단행본사업, 영어교육사업 등)
※ 2007년의 경우 회사 분할(2007. 05. 01) 이전 실적 불포함

습지 교사들이 어린이의 10년 후를 생각하는 차별화된 교육 서비스를 제공하고 있다. 창의력에 컨셉을 맞춘 차별적 요소가 고객의 필요에 부합하면서 2009년 말 기준으로 126만 회원을 달성하였다. 또한 2009년에는 보건복지부의 '아동인지능력향상 서비스'의 공식업체로 3년 연속 선정되면서 저소득층 가정에 양질의 교육서비스를 제공하고 있다. 교사의 전문 역량 강화와 회원의 학력평가 시스템 구축을 통한 차별화된 교육서비스를 제공하기 위해 노력하고 있다.

교육문화사업본부는 사업본부 중에 매출실적이 가장 높다. 국내 학습지 시장이 전반적으로 위축되고 있는 상황에서 교육문화사업본부가 여전히 성장하고 있는 요인은 〈씽크빅〉 학습지의 우수한 교육 서비스에서도 찾을 수 있지만, 더 중요한 요인은 향후 우리 아이들이 살아갈 세상은 '창의력'이 중요할 것이라는 확고한 교육철학이 깊은 뿌리를 내리고 있기 때문이다.

특히 아이들을 가르치는 씽크빅 교사들의 공로가 컸는데, 웅진은 주로 교사 경력이 있는 여성을 씽크빅 교사로 뽑아 강도 높은 교육을 통해 전문인으로 양성했다. 〈씽크빅〉의 시장 진입에 큰 공헌을 한 제도가 공부방 시스템이다. 교사가 각 회원의 집을 방문하는 대신 교사는 집에 있고 회원들을 모이게 하는 공부방 시스템은 고학력 기혼 여성의 호응을 얻었고, 창의력 안내자

〈그림 Ⅰ-5〉 웅진씽크빅 조직도(2011년 8월 기준)

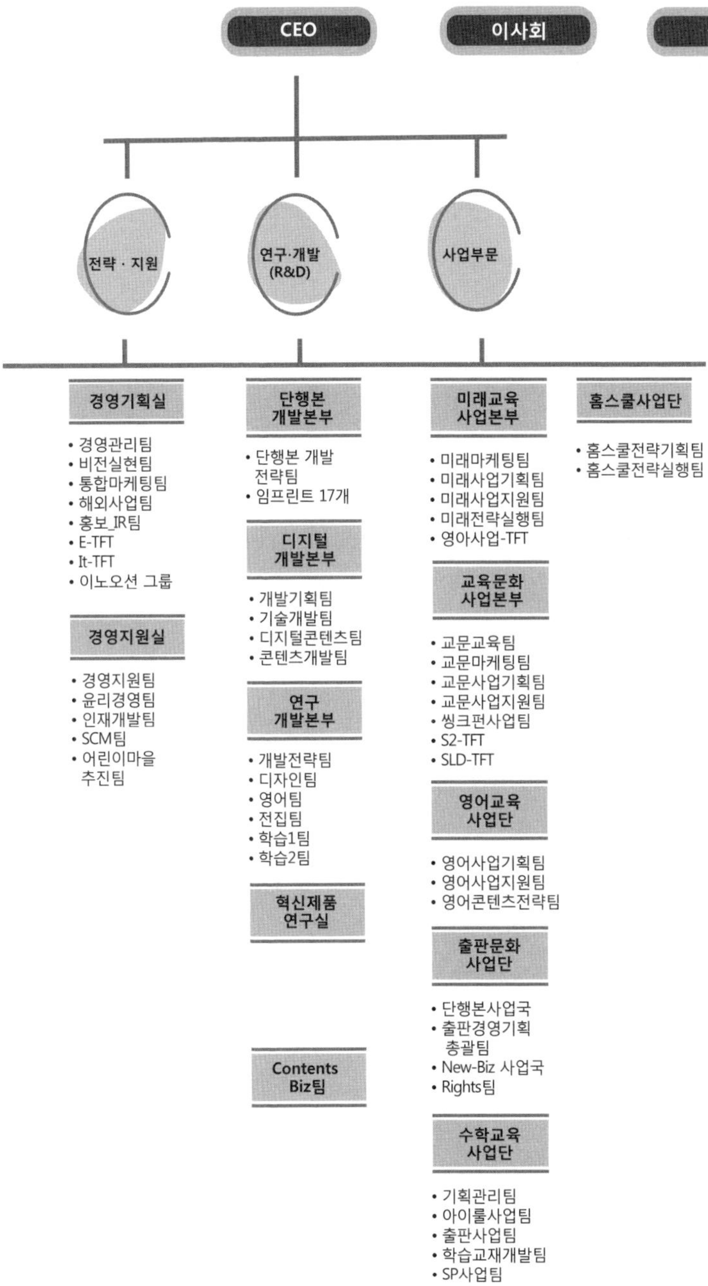

로서 학생들의 생각하는 힘을 키워주는 훈련을 통해 이루어졌다.

신입교사 교육과 팀장과 지국장 등 직급에 따른 직무교육 프로그램을 따로 만들어 운용하고 있다. 또 2008년부터 지국장과 팀장, 교사들 중에서 상위 3%에 드는 이들을 '달인'으로 선정해 이 교사들의 노하우를 정돈된 매뉴얼로 만들어 현장 교사들에게 보급해 상호 학습할 수 있도록 한다. 또한 업계 최고가 되기 위해 회사의 핵심적 가치를 지속적으로 전파하는 코칭 교육을 강화하고 교사들의 실력을 지속적으로 관리해 나가는 한편 별개의 서비스를 연계시켜 시너지를 낼 수 있는 관련 사업을 발굴하여 고객 만족도를 더 높여나가는 전략을 추진하고 있다.

2010년부터는 다양한 고객의 니즈와 차별화된 학습프로그램을 연계한 씽크U 시리즈를 출시하고 있다. 씽크U수학을 시작으로 하여 우수한 교재와 온라인 학습, 전문교사의 학습컨설팅을 결합한 개별맞춤형 입체학습을 제공함으로써 급변하는 교육시장에서의 차별적 우위를 확보하고 있다. 또한 온오프 블렌디드 학습법인 씽크U학습지 출시 이외에도 거점형 학습이 가능한 '학습센터'를 운영함으로써 다양한 맞춤식 학습지로서의 진화를 거듭하고 있다.

2) 미래교육사업

미래교육사업본부는 웅진씽크빅의 전집 판매가 주된 업무이고, 이에 더하여 사후 서비스나 교육과 관련된 종합적인 컨설팅과 서비스를 제공하는 토털 교육 서비스 사업을 주된 영역으로 삼고 있다. 미래교육사업본부라는 이름에도 아이의 10년 후 미래를 생각하며 책을 만들고 서비스를 제공하자는 의미가 담겨 있다. 특히 2008년 2월, 전집류를 통합하는 '웅진다책' 브랜드를 개발하고, 전집류 도서를 판매하는 이를 '다책교사'라 부름으로써 새롭게 변신을 시도했다.

〈웅진다책〉, 〈웅진홈스쿨〉, 〈웅진곰돌이〉, 〈브이스터디〉 등 전집과 종합학습지, 공부방 사업을 통해 다양한 교육 콘텐츠를 제공하고 있다. 2008년에는 책과 함께하는 프리미엄 도서 교육 서비스 '웅진다책'으로 브랜드를 확장하고, 서울대심리과학연구소, 한국행동과학연구소와 공동 개발한 교육진단

시스템 WEPS(Woongjin education planning system), 유 · 무료 교육 서비스인 에듀플러스와 다책플러스 등의 다양한 교육 콘텐츠와 서비스를 제공하고 있다. 미래교육사업본부의 제품들은 2004년 볼로냐 국제 아동도서전에서의 국내 최초 '라가치 상' 수상을 비롯하여, 2006년 한국출판문화대상, 2009년 여성소비자가 뽑은 프리미엄 대상 등 각종 상을 수상하였다.

3) 단행본사업

웅진씽크빅은 오래 전부터 단행본 출판 분야에 공을 들여왔고 2007년을 기점으로 연매출액 기준 업계 1위에 올라 일약 국내 최대의 단행본 출판사로 도약했다. 2009년에는 출판시장이 전반적으로 침체되었음에도 불구하고 20% 이상 매출이 늘어 업계 최초로 600억 원의 매출액을 달성했다. 이러한 결과는 2005년 전격 도입한 임프린트 체제의 역할이 크다는 분석이 지배적이다.

2005년, 웅진씽크빅으로 사명을 바꾸고 본격적으로 단행본 사업에 매진할 즈음 단행본사업본부는 출판 종수로는 10위권, 매출액으로는 15위권에 머물고 있었다. 게다가 시장 전체 분위기에 따라 출판 분위기는 침체되고 있었다. 이에 출판의 패러다임을 바꾸기 위해 대안으로 등장한 것이 임프린트 체제였다. 임프린트란 한 회사의 경영권 아래에 있지만 개별적인 브랜드로 운영되는 소규모 출판사군을 말한다. 제작과 마케팅, 재고관리, 예결산 등 경영과 관련한 사항은 본사가 맡고, 기획과 편집자를 고용하거나 편집비를 집행하는 등 일부 인사권과 예산권은 개별 브랜드 임프린트의 편집 책임자가 맡는다. 즉 전문적인 역량을 갖춘 편집자가 경영상의 압박에서 벗어나 자기 역량을 발휘할 수 있는 출판 시스템이다. 2005년 출판 시스템 개혁을 위해 영입된 최봉수 본부장은(당시) 임프린트 체제로 개편하면서 출판업계 10위권 밖에 있던 단행본 부문을 3년만인 2007년 국내 매출 순위 1위의 출판사로 바꿔 놓았다.

단행본사업본부에서는 순수문학과 대중문학을 포함하는 소설을 비롯하여 문학, 인문교양, 사회과학, 역사, 경제경영, 자기계발, 외국어, 자녀교육, 라이프스타일 등 다양한 장르의 논픽션과 유아 및 어린이를 위한 잡지와 단행본을 출간하고 있다. 매년 400종의 단행본을 출판하고 있고, 연간 100권 이상의 저작권을 수출하고 있다. 2007년 교보문고, yes24, 북센이 참여하는 단행본 분야 서점 점유율 1위를 차지했고, 교과서 사업을 론칭하고 공무원 시험과 자격증 교재 시장에도 진입하여 시장을 확대하고 있다. 2008년에는 세계적 출판 그룹인 펭귄과의 전략적 제휴를 통해 펭귄클래식코리아를 설립하였으며, 같은 해 중국 최대출판 그룹인 '중국출판집단공사'와 합작 계약을 체결하였다. 그동안 〈PING〉, 〈시골의사의 부자경제학〉, 〈경제학콘서트〉, 〈이윤기의 그리스로마신화〉, 〈그 많던 싱아는 누가 다 먹었을까〉, 〈나쁜 어린이표〉, 〈English Restart〉, 〈시골의사의 주식투자란 무엇인가〉, 〈Nudge〉 등 많은 베스트셀러를 선보인 바 있다.

4) 영어교육사업

'영어'는 웅진씽크빅이 오래 전부터 관심을 갖고 준비해온 분야이다. 30년 전 〈메슬〉이라는 고급 영어회화 테이프를 판매해 사업을 성공적으로 시작한 데다, 〈헤임고교학습〉이란 제품의 성공으로 기반을 마련했기 때문에 웅진씽크빅은 영어학습 사업과 인연이 깊다.

웅진씽크빅은 2008년부터 단순 출판이나 학습물이 아닌 새로운 개념의 영어교육사업을 시작해왔다. 또한 고객별 맞춤 서비스를 제공하는 가장 대표적인 사업이 영어교육사업이다. 영어교육사업에는 영어학원, 국제화센터, 영어도서관이 있다.

2009년 4월부터 시작한 영어도서관은 지방자치단체와 연결해 큰 성공을 거두었다. 서울시 서초구청에서 주민센터의 문을 열면서 웅진씽크빅에 운영 자문을 구했는데 웅진씽크빅은 영어체험, 몰입교육, 영어도서관이 복합된 신개념의 학습 공간을 제시하였고 성공적으로 운영되고 있다.

또한 국내 최초의 통학형 영어마을인 국제화센터 사업도 꾸준히 추진하고 있다. 기존 영어마을의 일회성 단순 체험 방식을 벗어나서, 장기 통학형 영어체험마을(국제화센터)을 설계하였고, 각각의 주제가 있는 체험실에서 영어

몰입수업과 문화체험, 수준별 영어학습이 동시에 이루어지는 국제화센터를 인천, 대전, 오산, 부산에 설립하였다.

그리고 웅진씽크빅은 2008년에 플러스어학원을 인수하였다. 현재 플러스어학원의 수강생은 초등학생 50%, 중학생이 50% 정도를 차지하고 있다. 2009년 말 기준으로 직영점 9개, 프랜차이즈 17개를 운영하고 있다.

5) 연구개발

저작권의 해외수출은 물론 세계적인 출판물 상을 수상하는 등 창조적인 제품 개발을 통해 고객을 위한 새로운 가치를 창출하고자 노력하고 있다. 연구개발본부를 중심으로 기존의 종합학습지 및 아동 전집물 위주의 개발에서 한걸음 더 나아가 과목 학습지, 단행본, 영어 학습, 홈스쿨 프로그램 개발 등으로 연구개발 활동분야를 넓혀나가는 동시에 21세기 멀티미디어 교육 환경 변화에 발 맞추어 인쇄출판 영역을 비롯한 온라인 콘텐츠, E-BOOK, CD-ROM, DVD 등 다양한 형태의 멀티미디어 제품 개발에도 주력한다.

연구개발본부는 30년 가까이 토론문화와 공부하는 분위기의 전통을 이어 왔다. 회사 설립 초기부터 토론과 공부가 이미 사풍으로 굳어진 것이다. 좋은 책 만들기라는 목표로 우리 문화와 전통에 관심을 기울이면서 치열한 토론의 장이 형성되고 좀더 전문적인 정보와 지식이 요구되어 공부하는 풍토를 만들어냈다.

〈그림 Ⅰ-6〉 웅진씽크빅 기본 정보

<table>
<tr><td>회사명</td><td>주식회사 웅진씽크빅</td><td>웅진식구 총계</td><td colspan="2">20,183명</td></tr>
<tr><td>대표이사</td><td>최봉수</td><td rowspan="3">정규직</td><td>남자</td><td>457명</td></tr>
<tr><td>설립연도</td><td>1980년 3월 20일</td><td>여자</td><td>1,730명</td></tr>
<tr><td>총자산</td><td>4,725억 원</td><td>합계</td><td>2,187명</td></tr>
<tr><td>매출액</td><td>8,252억 원</td><td>웅진교사</td><td colspan="2">17,996명</td></tr>
<tr><td>사업영역</td><td colspan="4">학습지교육서비스, 전집판매, 단행본 출판, 영어교육, 방과후학습 등</td></tr>
<tr><td>회사주소</td><td colspan="4">경기도 파주시 교하읍 문발리 535-1 출판문화정보단지</td></tr>
<tr><td>홈페이지</td><td colspan="4">www.wjthinkbig.com / www.woongjinthinkbig.com</td></tr>
</table>

3 웅진씽크빅 재무 성과

2009년에는 매출액과 영업이익이 2008년 대비 각각 5.2%, 30.8% 늘어난 8,252억 원, 862억 원을 기록하여 최대의 실적을 거두었다. 전집과 단행본 부문의 판매 호조와 영어사업 등 신규사업의 매출 확대, 그리고 전사혁신을 통한 수익성 개선으로 2009년에 우수한 경영성과를 창출할 수 있었다. 2010년 매출액은 7,914억 원을 기록하였다.

4 성장비전과 전략

웅진씽크빅은 2011년 1월 '서른선언 선포식'을 통해 회사의 성장비전과 전

〈그림 Ⅰ-7〉 매출 변화 추이 및 사업부문별 매출 비중

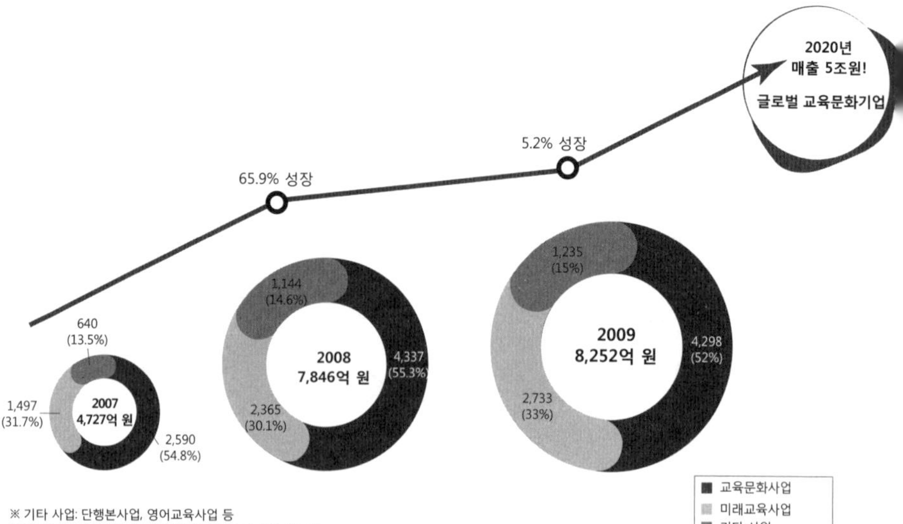

※ 기타 사업: 단행본사업, 영어교육사업 등
※ 2007년의 경우 회사 분할(2007. 05. 01) 이전 실적 불포함

〈그림 Ⅰ-8〉 영업이익 3개년 추이 및 주요경영지표

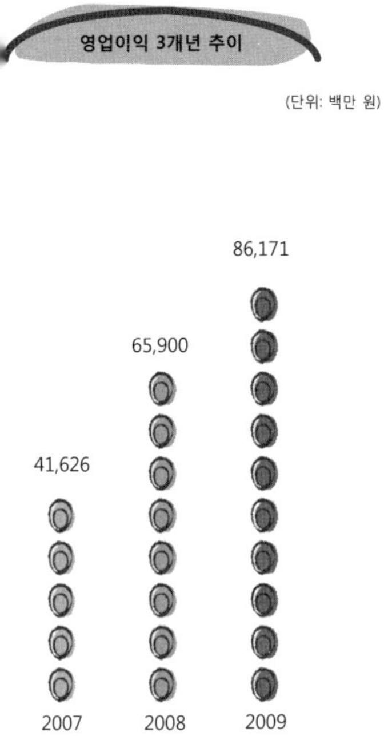

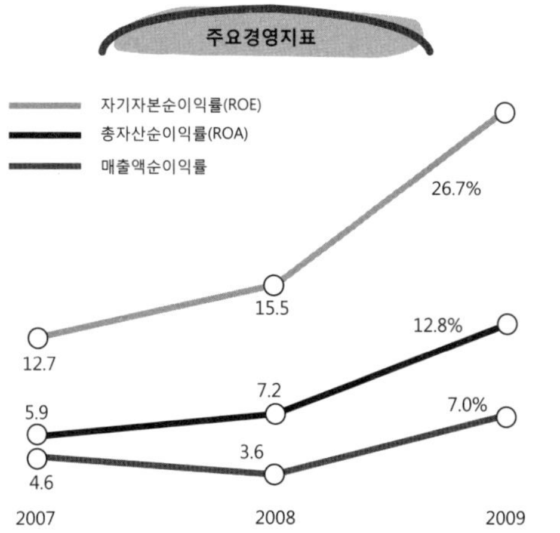

	2007	2008	2009
부채비율	115.8	117.8	99.6
유동비율	103.1	98.2	116.0
영업이익률	8.8	8.4	10.4
당기순이익률	4.6	3.6	7.0
총자산순이익률(ROA)	5.9	7.2	12.8
자기자본순이익률(ROE)	12.7	15.5	26.7

※ 2007년의 경우 회사 분할(2007.05.01)로 기말자산기준임.
※ ROE와 ROA는 기초자산과 기말자산의 평균임.

략을 담은 3대 가치를 발표하였다. 이를 통해 2020년 5조 원의 매출목표, 국내 1위 교육출판 기업에서 전 세계 7개 지역에 법인을 두는 글로벌 교육문화 기업으로 도약하는 목표를 가지고 있다. 서른선언의 세 가지 가치 중 첫 번째 valuable은 기존의 '바른 교육 큰 사람'이란 교육 철학에 기초하여 앞으로도 가치 있는 교육 문화 콘텐츠를 창조하겠다는 것으로 고객과 채널의 다양한 요구에 맞춤형 교수모델을 제공하기 위한 콘텐츠 개발에 박차를 가하고 있다.

두 번째 가치인 'Smart'를 통해 급변하는 교육 문화 환경 속에서 웅진씽크빅의 콘텐츠를 담을 새로운 교수 모델을 개발하여 고객 맞춤, 고객 만족 나아가 고객 성공을 만들어내는 솔루션 제공을 목표로 하고 있으며 이를 IT와 fun 요소와 결합하여 다양한 플랫폼을 통해 제공할 예정이다.

〈그림 Ⅰ-9〉 웅진씽크빅 성장비전과 3대 가치

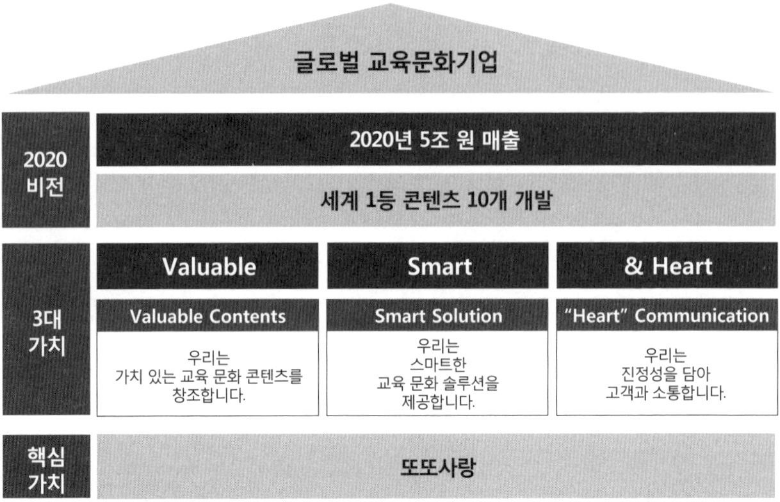

세 번째 가치인 'Heart'는 진정성 있는 소통으로 고객에게 한 걸음 더 나아가고자 하는 것으로 현재 운영 중인 다양한 커뮤니티 사이트와 멤버스몰과 패밀리CEO 쇼핑몰을 기반으로 통합몰을 오픈할 계획을 가지고 있다.

이를 통해 기존 교육 콘텐츠를 제공하는 동시에 고객 층을 확장하여 다양한 제품군으로 고객에게 종합적인 정보와 상품을 제공하여 향후 뉴미디어 시대의 마케팅 커뮤니케이션 사업의 교두보로 삼을 목표를 가지고 있다.

5 경영이념 및 문화

웅진씽크빅의 미션은 모두가 본받고 싶고 자랑스럽게 생각하는 기업, 위대한 기업(great company)가 되는 것이다. 좋은 제품과 서비스를 제공하는 일뿐만 아니라 고객의 행복과 사회의 발전에 도움이 되는 위대한 기업이 되겠다는 의지이다.

웅진씽크빅의 교육철학이자 경영철학은 바른 교육으로 큰사람을 만든다는 '바른교육 큰사람'이다. 웅진씽크빅은 '또또사랑'이라는 마음 위에 웅진씽크빅 고유의 교육철학을 바로 세우고 보다 나은 교육문화 콘텐츠를 개발함으로써, 고객 한 사람 한 사람이 필요로 하는 맞춤형 솔루션을 창의적으로 제시하는 교육문화 기업이 되고자 한다.

1) 경영정신 '또또사랑'과 신기문화

웅진씽크빅의 경영정신은 '또또사랑'이다. 윤석금 회장이 출판 사업을 시작할 때 버팀목이 되어준 것은 오직 사람들이었다. 그들이 최고의 능력을 발휘할 수 있도록 만들어 주는 것이 윤석금 회장의 가장 큰 과제였다. "이 사람들과 일을 해서 돈을 좀 벌고 싶은데 어떻게 하면 좋을까를 고민했어요. 내가 언제 가장 신이 났는가를 생각해봤어요. 누군가를 사랑할 때, 어떤 일을 좋아서 할 때 가장 기분이 좋고 신바람이 났지요. 회사가 똘똘 뭉쳐 한마음이 된다면 분명 큰 힘을 발휘할 거라고 믿었어요." 윤석금 회장은 사랑이 사람을 움직이게 하는 가장 큰 원동력이 된다고 생각한 것이다.

2) '또또사랑'의 의미

창업 초기 홍보책임자가 윤석금 회장에게 경영철학을 물었다. 윤석금 회장은 "사랑이지"라고 답했다. 그 이듬해 다시 경영철학을 묻자 "또 사랑이지" 하고 답했다. 다음 해에는 "또또사랑이지"라고 대답했다. 이 에피소드에서 시발이 되어 '또또사랑'은 윤석금 회장의 경영철학을 상징하는 표현으로 자리잡게 되었다. '또또'라는 수식은 사랑이라는 관념적이고 다의적인 개념을 웅진만의 고유한 정신으로 개별화할 뿐 아니라 반복을 통해 사랑을 많이 하자는 실천적인 의미도 함께 포함하고 있다.

그러나 군사 정권 하에서 사회가 경직되어 있던 초기 시절부터 경영정신으로 '또또사랑'이 사용된 것은 아니다. 그 당시 기업의 사훈은 근면, 성실과 같이 성취를 위한 개인의 인내심을 요구하는 것들이 대부분이었고, 기업에서 사랑을 경영정신으로 정한다는 것이 어색하다는 직원들의 반대 의견이 있었다. 그래서 하는 수 없이 인화, 사랑, 봉사를 웅진의 경영정신으로 삼았다. 여기서 또 하나 주목할 점은 웅진은 창업 초기부터 사훈(社訓), 사시(社是)라는 말을 쓰지 않고 경영정신이라는 어휘를 사용했다는 점이다. 사훈이나 사시는 기업의 창업자가 정한 것을 직원들이 일방적으로 따르게 하는 명령의 의미가 강하지만, 경영정신이라는 단어 속에는 그 의미를 받아들여 자기 스스로 정신적 변화와 발전을 추구한다는 뜻이 담겨 있다. 스스로의 생각에 의해 행동하는 것이고 주체가 바로 '나'가 되는 것이다.

이것은 오늘날 웅진의 기업문화를 해석하는 데 상당히 중요한 근거를 제공한다. 웅진의 기업문화는 강압적 지시가 아닌 자발적 참여를 요구하고, 그 안에서 스스로 즐거움과 성취를 찾도록 한다. 시대적 상황 때문에 초기에는 또또사랑을 웅진의 경영정신으로 사용하지는 못했지만 인화와 봉사를 포괄하는 개념도 역시 사랑이다. 시대에 따라 표현의 차이가 있었을 뿐, 웅진의 경영정신은 예나 지금이나 또또사랑이다.

3) '또또사랑'의 여섯 가지 구성 요소

2002년 웅진은 인화, 사랑, 봉사의 경영정신을 또또사랑으로 재정립하고 이를 구체적으로 실천하기 위해 여섯 가지 핵심 가치로 체계화했다. 이는 곧 고객에 대한 사랑, 변화에 대한 사랑, 사회에 대한 사랑, 도전에 대한 사랑, 조직에 대한 사랑, 그리고 일에 대한 사랑이다. 2003년 4월 23일 또또사랑은 경영정신으로 공식화되었다.

4) CI 교체: 또또사랑의 시각화, 세계화

2007년 지주회사와 사업회사를 분리하고, 웅진에너지 설립, 극동건설, 웅진케미칼 인수 등 활발한 성장을 이루던 즈음, 웅진식구들이 영원히 지켜야 할 가치인 또또사랑을 나타내 줄 상징이 필요해졌다. 기존의 CI는 웅진의 밝고 따뜻한 기업문화를 제대로 표현하기 어려웠고, 신규 사업 확대로 인해 새로 유입되는 식구를 아우르는 정신적 지향이 필요했기 때문이다. 또한 웅진코웨이 해외 사업이 활발해지고 웅진에너지가 세계적 기술력을 확보하던 시

〈그림 I -10〉 웅진씽크빅 경영이념체계

점에서 세계인에게 웅진의 정체성을 알리고 존재를 인식시킬 수 있는 세계화된 CI의 필요성이 커졌다.

2007년 5월 새로운 CI 개발이 합의되었고 즉시 홍보팀을 주축으로 TFT가 꾸려졌다. 이에 맞춰 윤석금 회장은 CI에 필요한 세 가지 원칙을 세웠다. 첫째 밝고 따뜻한 기업문화, 깨끗하고 투명한 경영을 제1의 원칙으로 지켜온 경영철학을 담을 것, 둘째 다른 회사를 따라하기보다는 독창적인 아이디어와 시스템으로 시장을 창출하며 성장해온 창의성 등 웅진의 정체성을 세계인에게 각인시킬 것, 셋째 100년, 200년이 지나도 발전해가는 지속가능 기업이 되겠다는 의지를 표현할 것이다. 7개월의 작업 끝에 영문 로고타입과, 여섯 가지 가치를 표현한 상징과 어플리케이션이 개발되었다. 웅진의 로고타입은 연결(connection), 무궁한 발전(infinity), 사업의 확장(expansion)을 의미한다. 이것은 사람과 사람이 어우러져 사업이 확장되어 가는 웅진의 사업

〈그림 Ⅰ-11〉 웅진 CI

시스템을 나타낸 것이기도 하다.

웅진의 CI는 여섯 가지 상징의 무한 확장과 적용이 가능하다는 점에서 웅진의 창의성이 그대로 발현된다. 도전, 변화, 일, 조직, 고객, 사회를 의미하는 여섯 가지 상징은 어느 것끼리도 조합이 가능하며, 전체가 다 보이지 않는 한 면 커팅을 허용한다. 그것은 다양성을 인정하면서도 서로 조화를 이루고, 보이지 않는 곳까지 상상하게 만드는 웅진의 유연하고 창의적인 문화를 반영하는 것이다.

5) 신기문화

사랑의 힘에서 생동한 무한한 기운을 웅진에서는 '신기(神氣)'라고 부른다. 한국인의 가장 큰 특징은 신이 나면 평소와 다른 놀라운 능력을 발휘하는 것인데, 이렇게 불가능해보이는 일도 가능하게 만드는 힘이 '신기'다. 개인이 신기를 발휘하여 일하면 회사의 성과는 자연스럽게 따라온다는 것이 윤석금 회장의 생각이다. 웅진에서 요구하는 리더의 중요한 자질 중 하나는 '아랫사람을 신나게 해주는 능력'이다. 그래서 매월 한 번씩 열리는 사장단 회의에서 각 사의 사장은 자신의 회사 직원들을 신나게 해주기 위해 어떻게 했는지를 회장 앞에서 발표해야 한다.

또또사랑과 신기문화는 트렌드처럼 일어나는 fun 경영, 신바람 경영하고는 차원이 다르다. 또또사랑과 신기문화는 근본적으로 사람을 바꾸는 접근 방식이다. 사람은 보이는 것보다 훨씬 더 많은 능력을 지니고 있다는 믿음과, 그것을 자극해 최대한의 능력을 발휘하게 만든다는 것이 웅진의 신기문화이다. 신기문화는 자신이 하고 있는 일, 조직, 도전을 사랑할 때 만들어진다는 것이 또또사랑이다. 즉 웅진의 또또사랑과 신기문화는 인간의 본질에 대한 고민이자 인간을 보는 관점에 대한 철학이다.

6 기업문화가 응집된 근무환경

2007년 4월, 웅진씽크빅은 파주 출판문화정보단지로 이전하면서 사옥을 신축하였다. 파주 사옥은 인체공학적 설계와 친환경적 건축, 쾌적한 환경, 최고 기자재의 가구와 집기의 사용으로 직원들의 업무 환경을 크게 개선하였다.

웅진씽크빅 파주 사옥은 주변환경과 조화를 이룬 조형적인 아름다움이 예사롭지 않다. 그 외관뿐 아니라, 내부를 자세히 살펴보면 한 기업의 정체성과 추구하는 가치, 역사와 문화가 한 건물 안에 잘 응집되어 표현되어 있다는 것을 알 수 있다. 우선 건물 전체가 유리벽으로 되어 있어 내부 어디서든 건너편 내부를 들여다볼 수 있는 투명한 건물이란 점이 매우 독특하다. 또한 어느 방향으로 가더라도 원래 자리로 되돌아올 수 있는 순환구조로 되어 있다. 투명성과 순환의 핵심은 사옥중심에 있는 중정으로 모아진다. 마당은 모든 방향으로 열려 있다. 이러한 건물이 상징하는 것은 소통과 투명성, 창의성으로서 안팎의 모든 사람들과 소통하는 문화를 보여주고 있다.

또한 1층 로비에는 10만여 종의 도서와 멀티미디어 자료를 보유한 국내 최대 규모의 출판전문 도서관이 자리잡고 있다. 여기에는 웅진씽크빅에서 출판한 책뿐만 아니라 해외 도서전 등에 참가하면서 직원들이 구해온 자료들과 국내외 도서, 그림 자료 등이 망라되어 있다. 뿐만 아니라 사옥 내부 곳

〈그림 Ⅰ-12〉 소통을 중시하는 파주 사옥

곳에는 책을 테마로 한 세계적 미술작품 43점이 전시되어 있다. 고 백남준의 〈콘트라베이스〉를 비롯해 전광영의 〈집합〉, 패트릭 휴즈의 〈서재와 풍경〉, 책을 형상화한 쿠바흐 빌름젠의 〈북타워21〉 같은 국내외 유명 작가들의 작품들이다.

사옥 내에는 다양한 편의시설과 업무시설을 운영하고 있다. 10만여 권의 도서와 다양한 멀티미디어를 갖춘 도서관은 웅진씽크빅만의 자랑이며, 그밖에 모유수유실과 여직원 휴게실, 자체 영상제작실과 사진 스튜디오 등을 보유하고 있다.

이렇게 파주 사옥은 교육문화 기업인 웅진씽크빅의 정체성과 상징을 잘 담아내었다는 평가를 받고 있으며, 2007년 '한국건축문화대상'에서 대상을 수상하였다.

제 II 장

웅진씽크빅의 혁신

웅진씽크빅은 '제17회 기업혁신 대상'에서 지식경제부 장관상을 수상한 바 있다. 웅진씽크빅의 혁신이 특별한 이유는, 업무와 혁신의 경계를 최소화하여 혁신을 일상화시키고 혁신을 문화로 자리잡게끔 하는 노력이 있기 때문이다. 웅진씽크빅에서의 혁신은 이것이 '혁신'이라는 이름으로 이루어지기보다는 재미의 요소가 더해져 자연스럽게 이루어진다. 가령, 일반 회사에서 '제안제도'라고 이루어지는 것들이 웅진씽크빅에서는 '상상오션'이라는 이름으로 시행되고 '혁신 발표회' 대신 '이노페스티벌'이라는 이름으로 혁신활동들을 추진하고 있다. 또한, '혁신 촉진자'와 같은 딱딱한 이름 대신 FT(facilitator)와 CA(change agent)라고 명명한다. 그밖에도 이노홀릭, 지우잡, 행가래, 이노밸리, 브라보 등의 기발하고 똑똑한 단어들을 사용함으로써 혁신을 보다 순화시키고 재미를 더하는 효과를 낳고 있다.

웅진씽크빅에서 혁신을 집중적으로 시행하기 시작한 초창기에는, 즉 2006년에서 2008년까지는 인프라 혁신과 비즈니스 혁신 내에서 혁신과제를 수행하도록 하였다. 또한 현업 이외의 것만 하도록 범주를 지정해주어 강력하게 혁신 활동을 추진하였다.

2009년, W-TPS 도입 후에는 범주를 특별히 지정하지는 않고 단 혁신 성과를 강조했다. 어떠한 혁신이던, 혁신이 가져다주는 성과와 기여를 강조한 것이다.

2011년 현재에는 '세계 1등 전략'을 추진 중이다. 조직별로 매출, 인프라, 시스템 등의 모든 영역에서 목표를 정하여, 또는 개인의 주제를 정하여 혁신을 시행하도록 하고 있다. 세계 1등 과제를 목표로 삼고 있고, 조직의 기존활동 개선과 새로운 성장 모두를 위해 노력한다.

초기에 구성원들에게 혁신 과제를 강력히 추진하고 압력을 넣자 직원들이 어려워하는 부분도 없지 않았으나, 현재 점차 혁신활동이 많이 체화되어서, 그것이 자연스럽게 이루어지는 경지로 가고 있다. 예를 들어, 상상오션을 강권하지도 않음에도 불구하고 많은 사람들이 자율적으로 엄청난 건수를 제안한다.

웅진씽크빅에서 '혁신과제'라고 명명할 시에는 일정한 기준들이 적용되지만, 씽크빅에서 '혁신'이라고 하는 것은, 단지 "혁신과제"에만 국한되는 것이 아니라, 일상의 모든 활동들이며, 가능한 한 제한을 두지 않고 자유로운 혁신 분위기를 형성하려 한다.

1 혁신 추진 배경

웅진씽크빅은 2005년에는 매출 5,423억 원의 중견기업으로 성장할 정도로 안정적인 회사였는데, 이후 몇 년간 일부 신규사업의 부진과 저출산 등의 여파로 지속적인 높은 성장률을 확신할 수 없게 되었다. 최봉수 대표는 이후 혁신경영을 화두로 삼고 이를 실행하였다(신수정 · 김도균, 2010). 향후 30년 성장을 견인할 창조 · 혁신 체질을 강화시킬 필요가 있었던 것이다.

특히 시장이 작아진 것이 혁신 추진의 큰 이유였다. 2010년과 2030년 비교 시 자사의 전략 고객군인 14세 이하 인구수는 약 30%가 감소하게 되어, 매출 감소가 예상되었다. 또한 디지털 학습과 E-book이 증가하고, 홈스쿨링이나 대형 학원이 출현하는 등의 도서 · 교육시장이 변화함에 따라 웅진씽크빅의 변화도 불가피해졌다.

이에 따라 웅진씽크빅의 30년 역사에서 그간 해온 사업 도메인을 바꾸는 작업들이 진행되었다. 원래 웅진씽크빅은 학습지 전집이나 현장 실무 인력 관리 등에 초점을 두던 회사였는데, 점차 디지털화된 콘텐츠 기반 사업, 모듈화 사업, 소비자 기반 사업 등에 초점을 두면서 교수모델을 결합시킨 솔루션(solution) 판매 회사로 거듭나고 있다. 온라인과 결합한 제품으로 바꾸어 나가는 과정에서 더욱 혁신이 필요해지고 이를 위해서는 구성원 개개인이 변화해야만 했다. 개개인 한 사람을 창조적 인간형으로 바꾸기 위해 더욱 혁신을 강화하게 되었다.

2 혁신경영 비전과 추진전략

웅진씽크빅은 혁신의 일상화, 체질화를 통해 창조기업으로 거듭나고자 한다. 2006년부터는 혁신 일상화의 일환으로 평가와 연동된 전 조직 혁신과제 운영을 본격화하였다. 2008년부터는 W-TPS(Woongjin total profit system)라는 웅진그룹 공통의 혁신 시스템을 도입하여 시행하고 있다. W-TPS는 웅진씽크빅의 혁신가속화와 혁신의 일상화, 체질화를 통해 창조기업의 달성 기반을 마련하고자 하며, 비전달성은 물론 매출, 영업이익률 등 회사의 성장과 이익 달성에 기여하는 실질적인 혁신을 추구한다. 중장기 사업 목표와의 연계를 통해 신성장 동력 확보, 생존원가 달성을 목표로 하여 세부 실천 전략을 수립하고, '즉실천' 활동과 '행가래', '지우잡' 등 전사적인 혁신활동을 전개하고 있다.

- **많은 기업들이 혁신을 시도하지만 성공하지 못합니다. 웅진의 혁신은 무엇이 다릅니까?**

웅진그룹 윤석금 회장:

"그것은 혁신의 문화를 만들지 못하고, 일회성 이벤트 혹은 잠시 동안의 개선 활동에 머물기 때문이에요. 개선과 혁신은 달라요. 개선은 불편함을 고치는 것이지만 혁신은 근본적인 뿌리를 바꾸는 것입니다. 그래서 혁신의 목표는 상식으로 생각할 수 없을 정도로 높은 것이어야 합니다.

웅진은 혁신 추진 선언 이후 혁신의 문화 만들기에 주력했습니다. 2008년 지우잡부터 시작했습니다. 세계 최고의 효율을 내는 기업과 비교하면 우리는 50%쯤 쓸모 없는 일로 시간을 보내고 있다고 봅니다. 쉽게 생각해보면 세계 1등 기업에서 5명이면 할 일을 우리는 10명이 하고 있는 것이지요. 효율성을 높이기 위해 자신의 일 중 순서를 정하고 쓸모 없는 일을 없애자는 거예요. 그것을 대표이사와 토론하면서 대표이사가 나서서 없애주는 것이 지우잡(지우 + job)입니다. 또 아이디어를 도출하는 문화를 형성하는 제안제도를 획기적으로 변화시켰어요. 과거에도 제안제도를 무수히 실시했지만 실패했거든요. 상상오션으로 이름을 바꾸어 신선한 느낌을 주고, 그 과정에 재미와 파격적인 보상을 넣었더니 참여율과 성과면에서 놀라운 변화를 얻었습니다. 2009년에는 지식정보를 활용하고 서로 토의하는 문화를 형성하기 위해 독서토론 신기통통을 시작했습니다. 그리고 가치 있는 핵심 업무에 집중하기 위해 자신의 업무를 전부 드러내서 서로에게 발표하는 행가래를 본격화하여 개인과 팀의 업무를 재편하고 있습니다. 이런 것들이 모두 혁신의 문화 만들기에 해당하는 것들이에요. 이런 활동을 통해 혁신이 특정한 사람만 하는 것이 아니라 전 직원이 참여하는 것이라는 생각의 변화, 즉 혁신의 문화를 형성하게 되었지요.

이와 병행하여 격주로 임원 이상은 각 사의 혁신 사례를 발표하여 서로를 벤치마킹합니다. 각사에서 혁신 대회를 한 사례중 우수한 사례들을 놓고 연말에는 신기혁신 자랑대회를 개최하는데 어찌나 재미가 있었는지 하루 종일 시간 가는 줄을 몰랐어요. 혁신을 발표하면서 춤도 추고, 노래도 하고, 동영상도 보여줘서 흡사 뮤지컬을 보듯 즐겁습니다. 2009년 발표 때는 서울시청 공무원들과 포스코 직원들이 이 자리에 함께 했는데 불과 2년여 만에 이런 혁신의 문화를 형성하였다는 것에 무척 놀라더군요.

2010년 3월에는 사장단과 함께 일본 교토에 가서 교세라, 호리바제작소 등을 방문했어요. 교토의 강소기업을 돌아보며 웅진이 세계적 경쟁력을 가지려면 어떻게 해야 하는지를 사장들과 깊이 논의했습니다. 컨퍼런스 마무리에 '세계 1등을 만들기 위하여"라는 교토 선언도 발표했지만 세계 최고의 기업이 되기 위해서는 R&D를 강화하는 것이 중요하다는 것을 다시 확인했습니다.

혁신은 사람이 하는 것입니다. 혁신은 우수 인재가 주도해야 하고 CEO의 의지만큼 혁신이 이루어집니다. 한 회사가 기업문화와 분위기가 무척 좋은 회사인데 혁신이 잘 되지 않아 이상했어요. 역시나 담당자가 바뀌니까 혁신의 분위기가 형성되면서 무섭게 변하더라고요. 지금은 가장 잘하는 회사 중 하나가 되어 외부에서 벤치마킹을 올 정도로 혁신 성과가 높아졌습니다.

내가 웅진식구들에게 준 과제가 있어요. 개인이 자기가 하는 일에 세 가지 이상 자랑거리가 있을 때 '혁신이 완결된 것'이라고요. 혁신의 가장 큰 성과는 개인이 변한다는 것입니다. 도전의 자세, 할 수 있다는 자신감을 얻는 것이 자신의 인생에서 얼마나 큰 자산이 되겠어요. 혁신은 웅진이 세계 최고의 기업이 되어서도 계속 진행될 거예요. 혁신의 끝은 없는 거지요. 웅진의 꿈은 혁신을 통해 이룰 수 있습니다.

〈그림 Ⅱ-1〉 혁신 전략 추진 로드맵

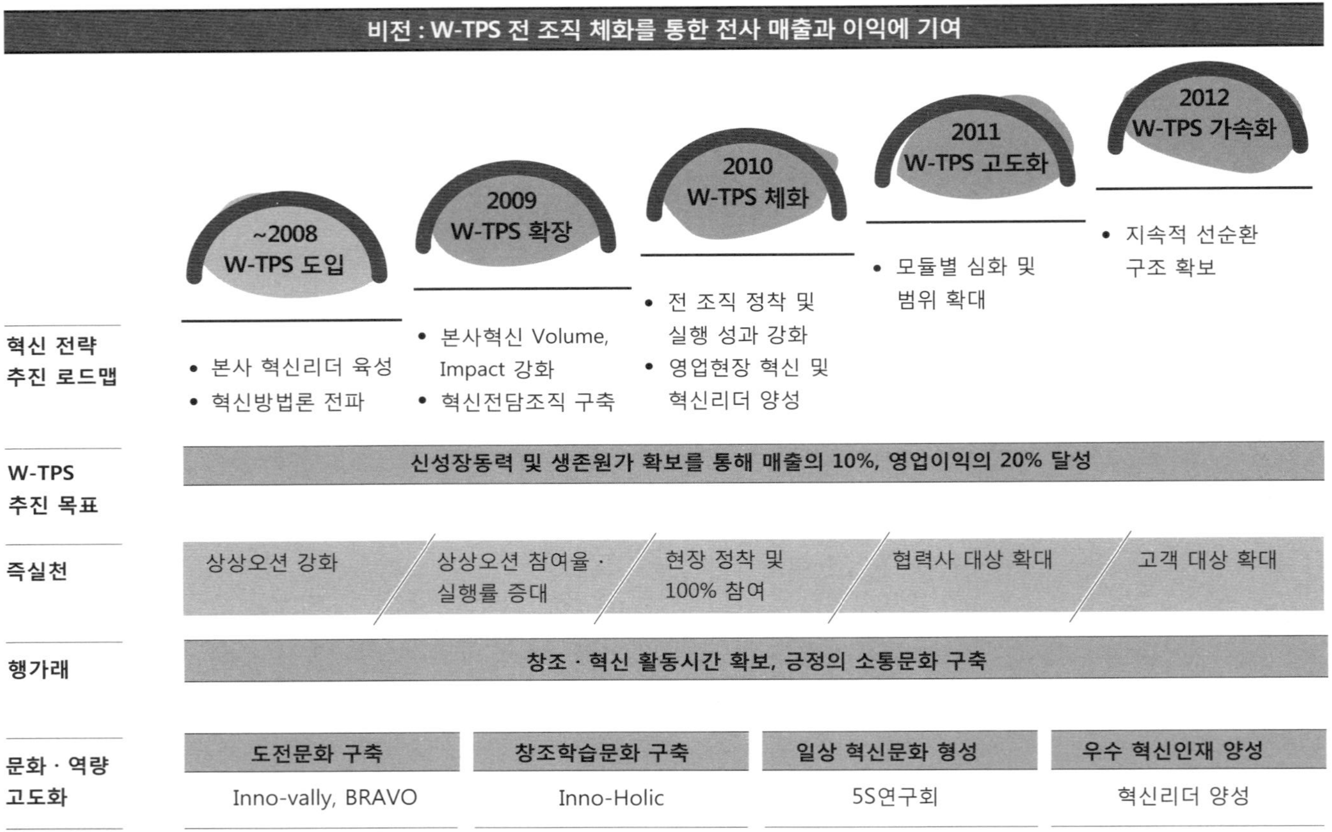

W-TPS 전 조직 체화를 통한 전사 매출과 이익에 기여하고자 하는 비전을 가지고, 2008년부터 2012년까지의 혁신 전략 추진 로드맵을 세웠다. 추진목표는 신성장동력 및 생존원가 확보를 통한 매출의 10%, 영업이익의 20% 달성이다.

3 혁신 조직 및 역할

웅진씽크빅의 혁신조직은 혁신 관련 최고 의사결정기구인 경영혁신위원회를 중심으로 대표이사 직속 조직인 이노오션그룹, 주관부서인 경영지원실 경영혁신팀으로 구성되어 있다. 효율적인 혁신과제 수행을 위해 구성원들에게 CA및 FT의 역할을 부여한다.

단, 2011년도에 들어와, 혁신의 전략적 측면과 실행적 측면을 강화하는 차원에서 경영기획실의 '전략혁신팀'과 경영지원실의 '경영지원팀'으로 혁신 주관 조직이 세분화되었다.

경영지원팀은 경영지원실 소속으로, CA및 각 조직의 일상 혁신을 담당한

〈그림 Ⅱ-2〉 혁신 추진 조직도 1(2010년 기준)

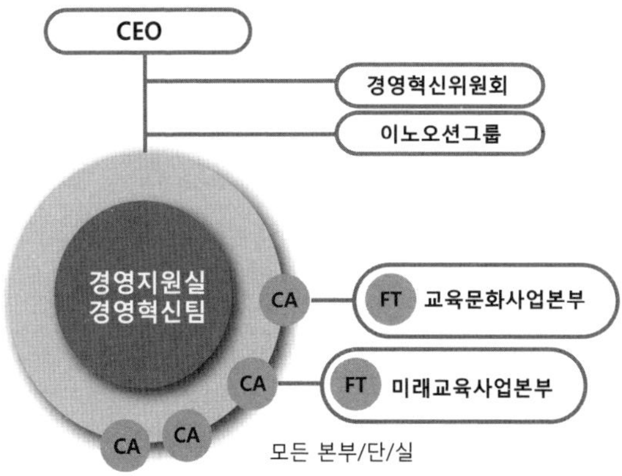

〈그림 Ⅱ-3〉 혁신 추진 조직도 2(2010년 기준)

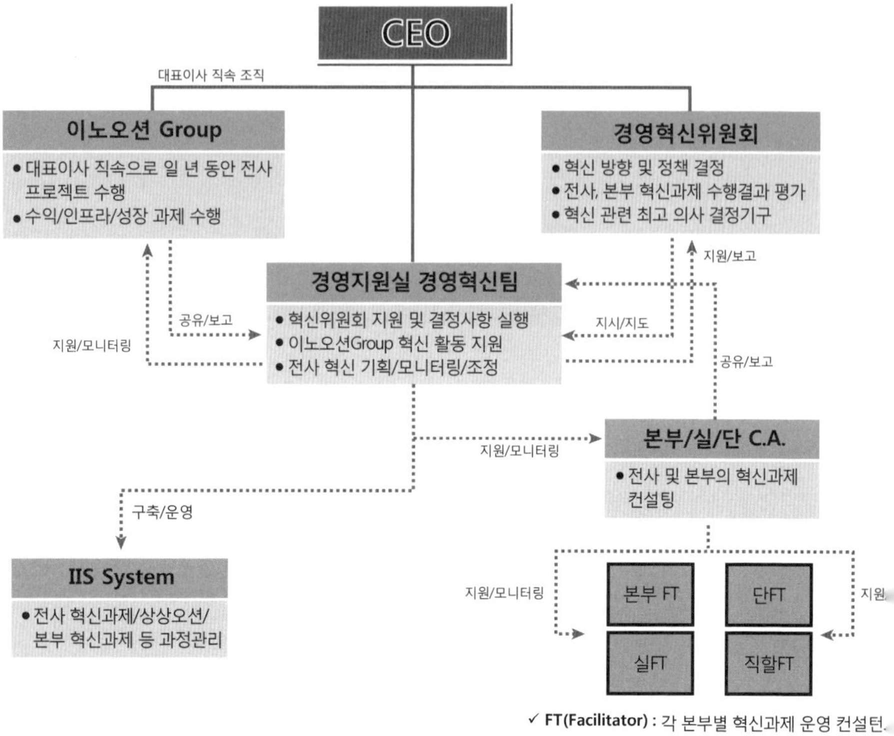

Copyright©2010 by 웅진씽크빅

다. 예를 들어, 5S가 정착된 후의 모니터링을 어떻게 할지, 상상오션을 어떻게 진행할지 등의 구체적인 사항들을 고민한다. 2011년 현재 각 팀으로 혁신 활동을 확산시키는 역할에 초점을 두고 있다.

전략혁신팀은 향후 30년의 방향을 고민하고 있다. 키워드는 Valuable (contents), Smart(solution), Heart(communication)로서, 미래 성장동력을 찾는 활동들을 진행한다. 특히 창조, 도전, 학습 문화 만들기에 주력하고 있는데 이와 관련하여 신성장 아이템을 찾는 이노홀릭, 이노밸리, 이노오션 제도를 운영하고 있다.

1) 경영혁신위원회

조직 차원을 넘어선 의사결정을 위해 경영진으로 구성되어 있다. 즉, 대표이사를 위원장으로 하여 경영진이 위원, 경영기획실장이 간사로 활동한다. 매월 1회씩 정기 회의를 개최하며 회사의 혁신전략 방향과 정책에 대한 의사결정, 전사 · 본부의 혁신과제 모니터링과 평가 · 심사를 담당하고 혁신활동 관련 조직 간의 이슈를 조정한다.

이노오션과 CA를 통해 파괴적 혁신을 실행하고자 하는데, 경영혁신위원회를 통해 강한 메시지가 전해진다.

2) 이노오션 그룹

2009년 1월에 신설된 이노오션(InnOcean) 그룹은 본사 조직의 10%인 60여 명으로 구성된 전사 혁신 전담조직으로, 여기서 따로 전사적 이슈만 고민하게 된다. 이노오션그룹은 각 사업본부의 핵심 인재로 선발, 운영하고 있으며 현업에서 벗어나 혁신 업무에만 집중하게 함으로써 밀도 높은 혁신을 추구하고 있다. 이노오션그룹에서 나온 아이디어들이 실제 매출 상품으로 이어지기도 한다. 이노오션 그룹에 대해서는 후에 더욱 자세히 살펴보도록 한다.

3) 경영혁신팀

경영혁신팀은 혁신활동의 주관부서로서, 각 조직별 혁신을 위해서 혁신과제 및 상상오션 운영, 행가래 관리와 함께 혁신 전문가를 육성하는 일을 담당한다. 2011년 현재 전략혁신팀과 일상혁신을 담당하는 경영지원팀으로 분화되면서, 전사 혁신활동을 기획, 모니터링함과 동시에, CA로서 본부 혁신활동을 지원 및 조종하는 역할을 병행한다. 경영혁신위원회를 지원하고 위원회의 결정사항을 실행하는 역할도 수행하고 있다.

CA는 경영혁신팀의 구성원으로 전사 및 본부의 혁신과제 진행을 지원하는 담당자이다. 본부, 실, 사업단별로 한 명씩 활동하고 있으며, 2011년 현

혁신 촉진자, CA와 FT

본부별로 진행되는 혁신의 가속화를 위해 본부 및 사업단별로 1명씩 혁신 전담 요원인 CA(change agent)를 배치했다. CA는 각 본부 혁신과제가 제대로 추진되는지 모니터링하고, 이를 경영혁신팀에 보고한다. 그리고 경영혁신팀은 이를 경영혁신위원회에 보고한다. 2009년에는 9명의 CA, 2010년에는 7명의 CA가 활동했다. CA들은 혁신촉진자들로 조직에게 혁신의 중요성을 인식시키고 독려하면서 본부별 혁신과제의 추진 상황을 모니터링한다. 이 모니터링 결과가 경영혁신팀을 거쳐 CEO가 포함된 경영혁신위원회에 바로 보고되기 때문에 각 본부에서 혁신 과제에 대한 긴장감을 놓지 않게 하는 효과가 있다.

CA와 함께 각 본부 구성원 중에는 혁신 과제를 진행하는 FT(facilitator)들도 있다.

이들은 본부별로 혁신과제를 진행하는 혁신전문가로 CA를 돕는다. 혁신 과제 단위로 조율, 지원 등의 멘토 역할을 한다.

많은 구성원들이 회사의 혁신 경영 목표를 믿고 따른다 하더라도 자기도 모르는 사이에 과거의 방식으로 돌아가려고 할 수 있기 때문에 CA와 FT들은 각 본부의 혁신 흐름을 관찰하고, 성공 가능성이 보이는 혁신 프로젝트의 매니저들을 독려해 나가면서 전사적인 혁신 분위기를 고취시킨다.

(신수정 · 김도균, 2010)

재에는 각 조직 소속으로 변경하여 조직내 혁신을 밀착관리하고 있다.

FT는 각 본부, 실, 단의 구성원 중 기수별로 추천을 받아 양성된 혁신 과제 진행 혁신전문가이다. 2006년 1기 출범이래 현재까지 총 5기(52명)의 FT가 활동 중이다.

4 웅진씽크빅 혁신 활동

1) 주요 혁신 활동

웅진씽크빅에서의 모든 혁신활동들이 〈그림 Ⅱ-4〉에 정리되어 있다. 즉, 5S 연구회, 팀지우잡, 행가래, 상상오션, 이노오션 과제, 본부혁신과제, 그리고 '혁신 3종 세트'라고 불리우는 이노밸리, 이노홀릭, 브라보가 있다. 본 "1) 주요 혁신활동" 부분에서는 혁신 3종 세트를 제외한 나머지 여섯 가지 활동들을 살펴볼 것이고 "2) 혁신 문화 구축활동 및 혁신 3종 세트" 부분에서는 혁신3종세트(이노밸리, 이노홀릭, 브라보)를 살펴보도록 한다.

이해를 돕기 위해, 5S 연구회, 팀지우잡, 행가래, 상상오션, 이노오션 과제, 본부 혁신과제의 여섯 가지 활동들은 〈그림 Ⅱ-5〉와 같이 나누어 볼 수 있다. 하지만 모든 활동들이 개인 수준이나 전사 수준 등의 한 수준에만 속해 있는 것이 아니라 다 연결되는 활동이기 때문에 개인, 팀, 본부, 전사 차원으로 수준을 구분하는 데에는 한계가 있다. 예를 들어 5S 활동의 경우, 보는 시각에 따라 전사 혁신이나 개인 일상 혁신의 차원으로 분류할 수도 있고, 지우잡은 개인지우잡과 팀지우잡이 모두 존재한다. 따라서 〈그림 Ⅱ-5〉의 혁신활동들은 모두 개인의 혁신에서 시작하여 궁극적으로는 전사적 혁신의 차원에 기여할 수 있다.

〈그림 Ⅱ-4〉 웅진씽크빅의 혁신 시스템

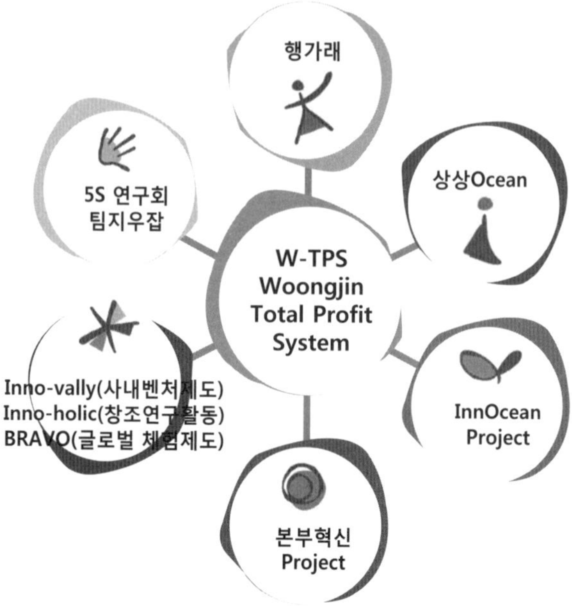

〈그림 Ⅱ-5〉 조직 구성원별 참여 활동 체계

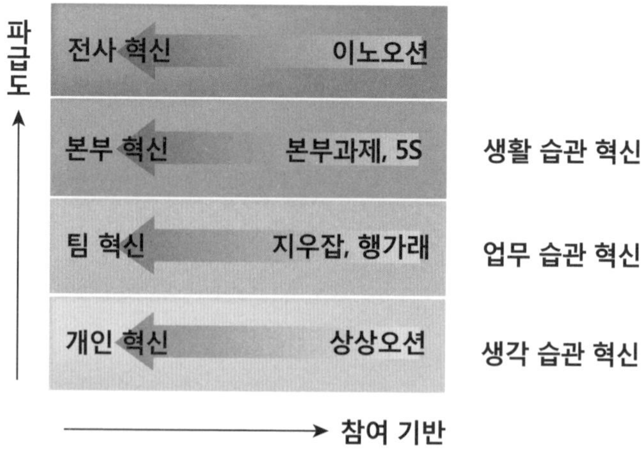

(1) 이노오션 그룹

전사 혁신 전담기구인 이노오션 그룹(InnOcean group)은 분기 단위로 회사의 성장동력 발굴 프로젝트와 수익성 개선 및 인프라 구축 관련 프로젝트를 동시에 수행한다. 이노오션은 혁신(innovation)에 새로운 시장을 뜻하는 블루오션(blueocean)이 합쳐진 이름이다(신수정 · 김도균, 2010).

이노오션 그룹은 국내 기업에서 유례를 찾아보기 힘든 조직으로, '직원들에게 1년간 회사에서 꿈을 꾸고 모험하는 기회를 주고 싶다'는 최봉수 대표이사의 강한 의지에서 비롯되었다. 혁신을 체화시키기 위해 일하는 방법을 바꾸는 혁신 DNA를 전파하고자 하였다. 즉, 혁신활동은 '일'과 '혁신'을 따로 하는 것이 아니라 '일을 혁신적으로' 하는 것이라는 인식 전환과 혁신을 스스로 즐기고 자랑할 수 있는 문화를 조성하는 데 기여했다. 이노오션을 경험했던 사람들이 1년 후 현업으로 돌아가면, 이노오션에서의 경험 효과가 조직에 전달되어, 장기적 시각에서 조직의 혁신적 문화 형성에 기여할 수 있다.

이노오션 과제 실행을 통해 창출된 주요 성과 중 하나는 '웅진에듀프리 하나카드'의 출시로, 출시 3개월 만에 약 100억 원의 매출과 약 1억 원의 카드 수수료 절감 효과를 창출하였다. 또한 고객 로열티 증가, 고객만족 향상 등의 성과를 거두었다.

이노오션 그룹을 많은 외부 조직들이 벤치마킹하기도 하였다. 우선 같은 웅진 계열사에서는 웅진케미칼에서 '챌린지 그룹'을 신설하게 되었고, 웅진식품에서는 '히든 챔피언 그룹'을 신설하였다. 그밖에 타 유수 기업들, 삼양

〈그림 Ⅱ-6〉 이노오션 그룹 과제 수행

조직 운영 방식	기대 효과
1. 기본 2개월마다 차수 운영(1인 2개 과제) 2. 희망 과제 선택 + PM 선택 3. 수익/인프라 + 신성장 과제 (답이 있는 과제 + 큰 도전 과제)	건전한 긴장 유지 과제 몰입 효과

〈그림 Ⅱ-7〉 이노오션 그룹 과제 채택

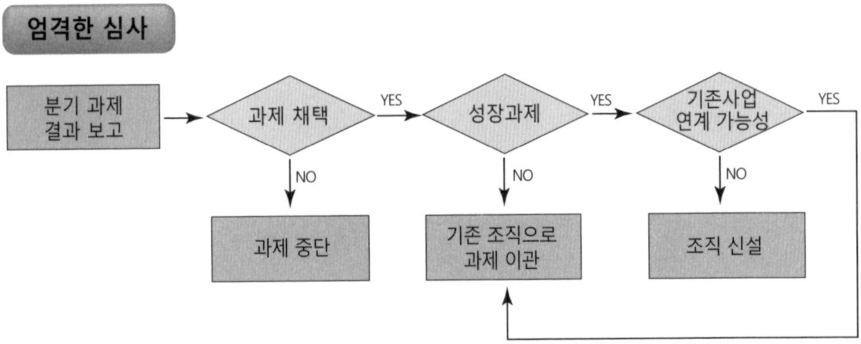

사, LG 디스플레이, 하나카드, SK C&C, 한솔그룹, 포스코, 삼성화재, 그리고 공공기관인 서울시청과 경기도청 등에서도 이노오션을 벤치마킹하였다.

① 대표이사의 전폭적 지지

특히 대표이사의 전폭적인 지지가 변함없이 이어졌다. 최 대표는 이노오션 그룹에 전폭적인 지지를 하겠다는 약속을 공식적으로 밝히면서 조직을 발족시켰다(신수정 · 김도균, 2010).

대표이사 직속 조직으로 운영하고 대표이사 집무실 바로 옆에 업무공간을 배치했을 뿐 아니라 정기 미팅 외에도 구성원들이 원할 때는 언제든지 직접 대화할 수 있도록 했다. 필요한 정보와 전문 교육 프로그램을 이노오션 멤버들에게 최우선적으로 제공하고 '이노룸'처럼 전용 회의실을 두는 등 구성원들의 원활한 과제 수행과 사기 진작을 위해 지원을 아끼지 않았다. 한 달에 한번 진행하는 회식에는 꼭 참석해서 과제 진행사항도 듣고 직원들을 격려해주기도 하였다.

최 대표는 이노오션그룹 구성원들에게 "기존 사업 조직 안에서는 낼 수 없는 아이디어와 새로운 사업 영역을 제시하는 것이 이노오션 그룹의 임무"라고 강조했다(신수정 · 김도균, 2010).

② 역할과 운영방식

이노오션그룹은 회사의 성장, 수익, 인프라의 영역을 총망라한 전사혁신 프로젝트를 전담으로 수행할 뿐 아니라 글로벌 기업에 맞는 새로운 조직문화를 이끌어가기 위한 혁신조직이다. 자신의 고유 업무를 진행하면서 혁신과제를 병행하면 혁신과제 추진에 소극적으로 임하게 될 수 있기 때문에, 이노오션그룹을 통해 현업에서 벗어나 오직 혁신에만 집중할 수 있게 함으로써 혁신에 대한 몰입을 가능케 하고자 한다.

이노오션그룹은 역량과 업적을 기준으로 각 본부에서 약 60명의 핵심인재를 선발하여 출발하였다. 이는 본사 전체인원의 약 10%에 해당하는 규모이다. 구성원의 임기는 1년으로, 임기 후에는 자신이 만들어낸 신사업 분야에서 일을 할 수도 있고 예전에 근무했던 사업본부로 돌아갈 수도 있다. 조직 운영 초기에는 경기침체에 따른 구조조정의 일환이 아니냐는 우려 섞인 시선이 있기도 했지만, 대표이사의 전폭적인 지지와 전사적인 성원 속에서 구성원들은 빠르게 조직에 적응하며 점점 혁신하는 즐거움 속에 빠져들기 시작했다.

다양한 사업 부문에서 다양한 직급의 직원이 모여 수평적 구조를 갖춘 혁신 전담 조직답게 이노오션그룹의 모든 운영방식은 일반 조직과 다르다. 한 사람이 여러 프로젝트에 참여할 수도 있고 직급에 상관 없이 누구나 리더도 팀원도 될 수 있다. 프로젝트에 따라 과장이 차장을 팀원으로 고용해 일할 수 있도록 서열을 파괴했다. 각 혁신 과제는 2~3개월 단위로 재편성되어 과제당 3-5명씩 구성되며, 이때 이노오션그룹의 멤버들은 동시에 2건 이상의 혁신과제를 수행한다.

③ 성과 및 성과발표회

2009년 4월 3일에 이노오션그룹의 첫 성과 발표회가 열렸는데, 3개월 동안 수행해온 혁신 과제들을 발표하고 평가하게 되었다. 대표이사를 비롯한 전 본부의 팀장 이상의 관리자들이 심사위원으로 참가하였고, 웅진그룹 계열사들의 혁신 담당자들도 참관을 위해 웅진씽크빅을 방문하였다. 6건의 성장과제와 5건의 수익 · 인프라 과제 등 총 11개의 과제 발표 후 적극적인 질문과 답변이 이어졌으며, 그 자리에서 즉각적으로 평가를 받았다. 11건의 과제 중 성과가 높을 것으로 판단되는 10건의 과제가 각 본부로부터 채택받는 성공을 거두었다. 이후 성과 평가 및 진행관리를 위해 이노오션그룹을 대상으로 분기별 발표회는 지속적으로 진행되고 있다.

이노오션 그룹 성과 발표회에서는 과제 발표를 마친 후에 "이 과제를 어느 본부에서 사겠습니까?"라고 사회자의 질문이 이어지면 각 사업본부에서 손을 들어 과제를 산다. 그리고 과제가 채택되면 해당 본부에 기획서가 들어가게 되고, 새로운 조직이 필요한 경우에는 새 조직이 형성되기도 한다.

2009년 한 해 동안 이노오션그룹은 총 62개의 과제를 수행하였고 이 가운데 81%의 과제가 채택되었으며, 매출과 수익성 개선, 신사업 추진 등의 성과를 거두었다. 교육전문캐시백카드인 '웅진에듀프리하나카드', 온오프 Blended 학습서비스 모델, 다책플러스 관리 모델 등의 새로운 사업모델을 창조하였다. 또한 조직면에서는 영어 콘텐츠 개발을 위한 영어전담팀, 디지털 콘텐츠를 중심으로 하는 중등교육사업단 등의 조직을 신설하였다. 인프라 개선 측면에서는 KMS(knowledge management system)를 한 단계 발전시킨 KDMS(knowledge development management system)와 경력개발시스템(CDP)을 도입하고, 전사 SCM(수요 공급망 관리: supply chain management) 프로젝트를 시작하였다. 이노오션그룹은 과제 실행을 통해 2009년에 총 50억 원의 매출과 9,800만 원의 비용 절감을 실현하였다.

이노오션 그룹은 많은 변화를 가져왔다. 매출 증대와 수익 개선, 신사업 진출과 인프라 확충은 물론 인적자원의 활용, 조직문화 쇄신에 이르기까지 이노오션 그룹이 이루어낸 크고 작은 성과는 회사 내부뿐 아니라 웅진그룹 계열사와 외부 공공기관, 기업에게도 긍정적인 파급효과를 가져다 주었다. 대표이사의 애정과 전사적 지원으로 이노오션 구성원들이 전략적 사고와 경영자 마인드를 배우게 되고 경쟁력이 높아졌으며, 1년간 프로젝트 매니저로 혁신과제를 수행하면서 회사와 업계를 바라보는 시야가 눈에 띄게 향상되었다. 이노오션 그룹 1기가 끝난 후 구성원들이 현업으로 복귀하는 과정에서

〈그림 Ⅱ-8〉 운영 경과 (2011년 기준)

시행 연도	기수	활동 컨셉	활동 기간	수행 과제	선발 특이점
2009년	1기	신성장 발굴 + 수익/인프라	2009. ~12	62건	직원 10%, 팀장 10% 선발
2010년	2기	신성장 발굴	2010.1~12	35건	과장급 이상 위주 선발(60%)
	3기	영업현장 혁신	2010.7~2011.6	36건	영업현장 현장 관리자 선발
2011년	4기	신성장 발굴	2011. 1~11	23건	직원 사전 공모 반영 선발

각 본부에서는 이노오션 그룹 멤버들을 자신들 부서로 영입하기 위해 치열한 경쟁을 벌이기도 했다(신수정 · 김도균, 2010). 2010년, 이노오션 1기는 상반기 기준 매출 188억과 이익 23억의 성과를 달성하였다

④ 운영 방향

2010년도에는 이노오션을 통해 구성원의 역량을 보다 전문화하고 조직 운영도 더욱 유연하게 할 뿐 아니라 실질적인 성과를 더 많이 내는 목표를 가졌다. 이노오션그룹 운영은 3년을 기한으로 계획하고 있다. 3년 동안 전 직원의 30% 정도가 혁신을 경험하고 역량을 확보할 수 있는 것이다.

2011년 현재 이노오션은 3년째 추진 중이며, 현장 직군 대상을 포함하여 총 4기까지 진행되고 있다. 2011년에는 신규사업이나 신성장 동력 확보 등의 '성장' 과제에 초점을 두고 있다.

프로젝트 아이디어들이 초반에 구축되면 아이디어를 가지고 타운미팅을 진행하고, 팀빌딩을 통해서 최종 실행단계까지 가게 된다. 아이디어가 채택되더라도 실행 중간에 중단되는 경우도 있지만, 우선은 프로젝트가 채택되면 실행단계까지의 절차를 밟게 된다.

⑤ 이노오션 성공 과제 사례

i) 사내 신 시스템 'KDMS 지식통통'

지식 활성화를 위해, 각 조직별 프로젝트 아이디어를 한꺼번에 모아서 관리하는 시스템이다. 시장 동향, 기초자료조사 등의 여러 참고할 만한 문서들을 공유할 수 있다. '사업기획/마케팅,' '사업지원,' 'R&D,' 그리고 '이노오션 과제' 이렇게 네 가지로 분류하여 관리하고 있다.

ii) 웅진 Edu free card

교육전문 캐시백 카드로서 하나카드와 연계해 제품 할인 혜택을 준다. 즉, 교육업계 최초로, 신용카드와 제휴한 에듀프리카드를 사용하여 유치원, 어린이집, 학원 등 각종 교육기관에서 교육비를 할인받을 수 있으며, 이때 발생되는 적립 포인트로 웅진 씽크빅 제품을 구매하거나 서비스를 이용할 때 현금처럼 사용할 수 있다.

"1기 이노오션 그룹 멤버였던 김 과장은 신규회원 확보와 비용 절감을 목표로 교육전문 마일리지 서비스를 만들어보자고 제안했다. 김 과장은 이에 대한 구체적인 솔루션으로 신용카드 제휴 서비스를 고안해냈다. 이 아이디어는 가능성을 인정받아 바로 실행과정에 들어갔다. 카드 서비스 출시를 위해 '통합 마케팅 추진팀'이라는 새로운 팀이 만들어졌다. 김 과장은 해당 팀의 팀장으로 자리를 옮겨 3명의 팀원을 모집해 실행에 돌입했다. 그 팀은 2009년 8월 10일 에듀프리 카드를 출시했고, 출시 한 달 만에 카드 신청자가 3만 명을 넘으며 돌풍을 일으켰다. 출시 6개월이 지난 2010년 2월 기준 약 150억 원의 매출을 올리고 있다. 기존 고객의 전집 구매율이 늘고 학습지 휴회 비율이 감소하는 등 고객 로열티 증가 효과도 나타났다." (신수정 · 김도균, 2010).

그림 Ⅱ-9〉 웅진 에듀프리카드

가족	자녀	직업	Main 카드
4인 (어른 3, 아이 1)	1명 (초등 4)	회사원	○○카드

자녀 교육 및 쇼핑 비용

구분	세부내용	사용금액(원)	○○카드 사용시	Edu free 사용시
씽크빅 학습지	3과목	105,000원	0원	5,005원
마트 및 할인점, 슈퍼	E마트	500,000원	3,400원	5,400원
교육기관	학원(서예/피아노)	140,000원	0원	5,040원
기타	외식, 인터넷, 케이블 등	100,000원	100원	100원
합계		845,000원	3,500원	15,545원

카드만 변경해서 부가수익 창출 (매월 12,000원)

매월 15,545원씩 포인트 적립 (년 186,540원)

학습지 자동이체시 월 15%의 교육비 절감

〈그림 Ⅱ-10〉 에듀프리카드 성과

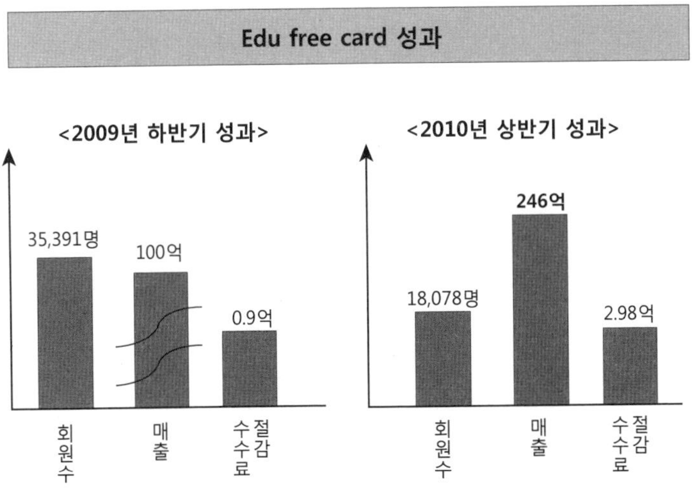

iii) 씽크U수학

온 · 오프라인 결합 학습지로서, 씽크U수학에 이어 씽크U사회과학이 출시되었고, 씽크U국어와 씽크U영어도 출시 예정이며, 이들은 태국과 중국 등의 해외시장도 공략하고 있다.

수학 학습지 시장은 2년간 감소하며, 유아 시장은 증가한 반면, 초등 시장의 감소가 강하게 발생하였다. 전체 중 약 35%의 아이들이 수학 수업의 이해정도가 60% 이하로 나타나고 있으며, 초고가 될수록 난이도 상승 및 학습량의 증가로 인해 학원으로 이동하는 현상이 발생했다. 이를 타계하기 위한 신개념의 온 · 오프라인이 결합된 학습 모델을 제공한 것이다.

〈그림 Ⅱ-11〉 씽크U수학

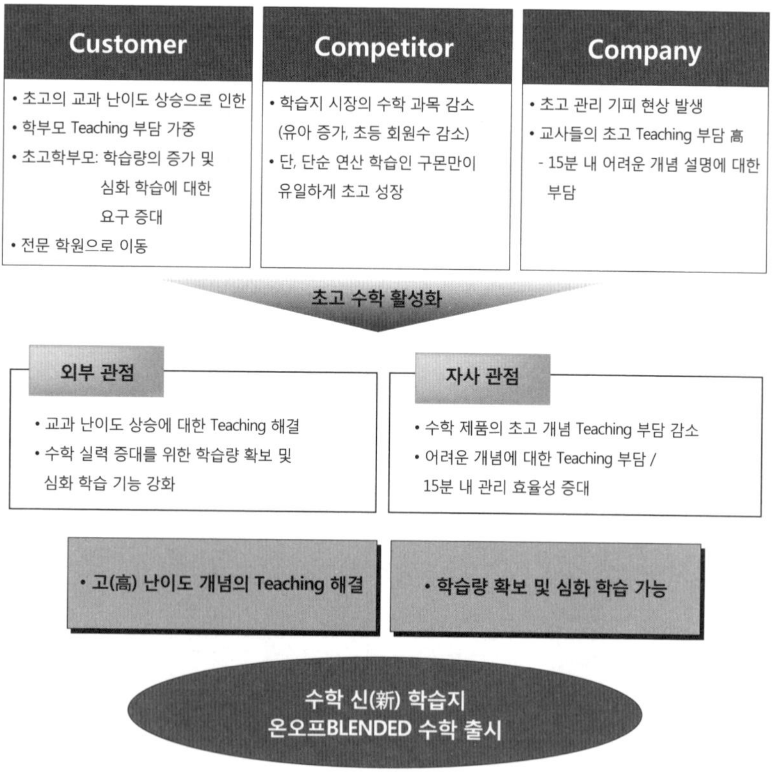

웅진씽크빅 '씽크U', 스마트 교육 시대에 새바람
- 수학 · 사회과학 회원 10만 명…… 국어 · 영어도 곧 출시

최근 교육업계에서 자신의 수준과 적성에 따라 주도적으로 학습 계획을 짜고 실행할 수 있는 '스마트 러닝'이 인기를 끌고 있다.

'교실 안 혁명'으로 표현되는 스마트 교육 시대가 다가오면서 교육 시장도 지각 변동이 불가피할 것으로 보인다. 특히 학습지 분야에서는 업계 최초로 출시된 웅진씽크빅의 '씽크U'가 주목된다.

'씽크U'는 작년 말 새롭게 출시한 온 · 오프라인 결합 학습지이다. 웅진씽크빅 R&D센터에서 2년여에 걸쳐 모든 콘텐츠를 디지털화해서 만든 일종의 '디지털 학습지'라고 할 수 있다. 온라인 학습이 가능하다는 것이 가장 큰 특징이지만, 기존의 종이 학습지와 교사 방문 수업도 똑같이 제공된다.

가장 큰 특징은 '개별맞춤학습'과 '자기주도학습'이 가능하다는 점이다. 기존 종이 학습지와 온라인 학습지의 장점을 결합했기 때문에 가능한 일이다. '씽크U'는 1번 문제를 틀린 아이와 5번 문제를 틀린 아이에게 같은 문제를 주지 않는다. 학생 개개인이 어느 영역과 유형에 취약한지를 파악해서 철저하게 '맞춤형 문제'를 제공한다. 아이의 수준에 따라 문제의 난이도도 달라진다. 이를 위해 종이 학습지의 4배나 되는 문항을 개발해 모두 데이터베이스화했다.

또한 '씽크U'는 학습 계획에서부터 평가까지 모든 과정을 스스로 주도적으로 진행할 수 있도록 하는 학습 관리 시스템을 기반으로 하고 있다. 학습 계획표와 배틀, 개념 확인 열쇠 등의 동기 부여 시스템을 통해 주도적으로 공부할 수 있는 능력을 길러준다.

아울러 다양한 시청각 자료가 포함된 입체적 강의를 기본으로 하고 있다. 또 배경 지식 향상을 위한 읽기책과 다양한 실험 교구, 멀티미디어 자료 등도 제공되기 때문에 핵심 개념을 보다 쉽게 이해할 수 있고 만족도도 높일 수 있다. 전문 교사는 특히 아이의 학습 실력과 상태에 대한 정확한 진단을 통해 1대 1 컨설팅도 제공한다.

'씽크U수학'과 '씽크U사회과학' 과목은 작년 말과 올해 5월에 출시했다. 지금까지 10만 명 가량이 회원으로 가입했으며, 오는 10월과 연말에는 각각 '씽크U국어'와 '씽크U영어' 과목을 내놓을 예정이다. 현재 씽크U시리즈는 모바일 앱 개발도 검토 중이다.

웅진씽크빅 관계자는 "스마트러닝에서 추구하는 핵심개념이 '개인맞춤형'과 '자기주도형'이기 때문에 정부의 계획대로 스마트 교육이 활성화되면 '씽크U'도 더욱 각광을 받을 것으로 전망된다"며 "올해 말까지 '씽크U' 시리즈만으로 15만 과목을 확보할 예정"이라고 말했다.

이와 함께 웅진씽크빅은 모바일 에듀테인먼트 어플리케이션 사업에도 적극 뛰어들고 있다. 웅진씽크빅의 에듀테인먼트 사업 브랜드를 '씽크큐브'로 정하고, 작년 10월부터 본격적인 모바일 어플리케이션 출시와 동시에 폭발적인 반응을 얻고 있다. 현재까지 40종 총 125개의 모바일 어플리케이션을 출시했다.

'잉글리시 리스타트 시리즈'는 현재까지 3개 버전인 베이직, 어드밴스, 리딩 편이 애플앱스토어와 안드로이드 버전으로 출시됐으며, 모두 출시 하루 만에 교육카테고리 1위를 차지하고 5개월 이상 지난 현재까지도 해당 카테고리의 상위권을 유지하고 있다.

박문수 웅진씽크빅 E-TFT 차장은 "올해에는 전 연령 대상의 모바일 앱 400개 이상을 출시하고, 연간 40억 원의 매출을 올릴 예정"이라며 "스마트러닝 교육 시대에 맞추어 오는 2013년에는 모바일 인터넷 스마트 TV 호환형 콘텐츠를 출시해 국내 최대 교육 출판 모바일 콘텐츠 사업자로 발돋움해 나갈 계획"이라고 말했다.

(뉴스핌 2011. 08. 11. 이동훈 기자)

(2) 본부 혁신과제

본부 혁신과제는 각 본부별로 수익과제를 발굴하여 진행되는 혁신활동으로 2008년에는 성장, 수익, 인프라 부문에서 총 30개의 혁신과제가 진행되었고 2009년에는 매출 기반 강화, 비용 구조 최적화, 업무 프로세스 고도화 등 3개 부문에서 총 156개의 혁신과제가 진행되었다. 상반기와 하반기 연 2회 이상 과제를 발굴한다.

본부 혁신과제의 가장 큰 성과는 2009년 1월 출시된 신개념 영어학습지 〈스마트 잉글리시〉로, 출시 약 10개월 만에 약 6만여 명의 회원이 확보되는 성과를 올렸다. 또한 웅진다책의 BCP(Brand Contact Point)인 '웅진다책 ZONE' 운영을 통해 2009년에 총 21억 원의 매출을 창출하였다. 이와 함께 재고관리 혁신을 통한 물류 효율화, 전집 개발 프로세스 개선, 고객만족도에 도움이 되지 않는 비효율적 과잉서비스 개선 등의 혁신과제를 통해 고객 가치 실현을 강화하고 있다.

〈그림 Ⅱ-12〉 혁신과제 체계

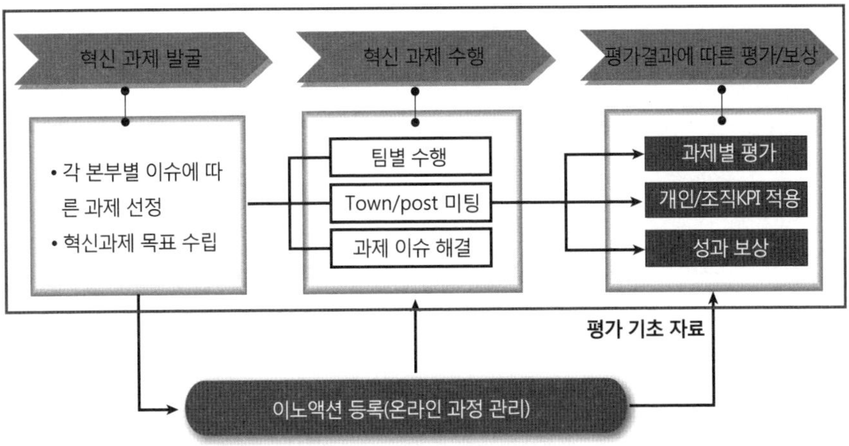

① 본부 혁신 과제 사례

i) 재고관리 혁신을 통한 물류 효율화

웅진씽크빅은 2002년부터 물류거점 통합, 물류 장비의 자동화 및 현대화, 아웃소싱 활성화를 추진해왔다. 특히 2004년 대전물류센터 건립은 원활한 물류관리가 실현되어 원가를 절감하고 생산성을 제고하는 물류혁신의 초석이 되어 급속한 성장세를 이룰 수 있었다. 하지만 곧 대전물류센터는 수용공간 부족에 처하게 되었고 자동화 창고 점유율이 98.9%에 이르렀다. 따라서 물동량 증가로 제2의 물류센터 건립이 불가피해지게 되었다. 이에 웅진씽크빅은 보유재고를 최대한 축소해 제2물류센터 건립시기를 연장하고 비용발생을 최소화할 방안을 마련해야 했다.

이에 따라 2009년 3월 타운미팅을 갖고 재고관리 문제점을 파악해 개선방안을 찾기 시작했다. 재고관리 문제점은 첫째, 재고관리 통합관리자의 부재로 판매중지 여부 파악에 어려움이 있었다. 둘째, 판매중지, 반품, 낱권미처리 등 부진화 재고에 대한 처리방안이 미흡하였다. 셋째, 판매 예측 정확도 저하로 인해 장기보유재고가 발생했으며, 넷째, 〈씽크빅 책읽기〉 등 씽크빅 학습지 (구)재고로 인해 물류공간이 부족해졌다. 즉 폐기 프로세스가 부재하고 각 사업본부간 소통이 원활하지 못해 전체 문제를 파악하기 힘들었던 것이다.

따라서 우선 경쟁사의 재고관리 현황부터 꼼꼼히 분석하기 시작했다. 분석 결과 경쟁사 대비 과다한 1회 발주량과 긴 제작 리드타임을 갖고 있었다. 각 사업본부는 즉시 부진화 재고에 대한 폐기와 기증을 병행했고, 판매 중지된 A급 전집을 파주물류센터 평치에 이동 보관했다. 또한 매월 사업본부와 부진화 재고 공유를 정례화하여 〈씽크빅〉, 〈웅진곰돌이〉의 정기발주업무를 물류팀에 이관했으며, 〈씽크빅〉 입고단위를 확정하여 시행했다. 이러한 노력으로 웅진씽크빅은 전체 부진화 재고 중 37.8%를 처리완료했으며 북센보관비를 2009년 5월부터 12월까지 4,700만 원 절감하는 효과를 거둘 수 있게 되었다. 북센(Booxen)은 통합물류시스템을 기반으로 고객맞춤서비스를 제공하는 웅진그룹의 출판물 종합물류서비스회사이다.

〈그림 Ⅱ-13〉 재고관리를 통한 물류 효율화

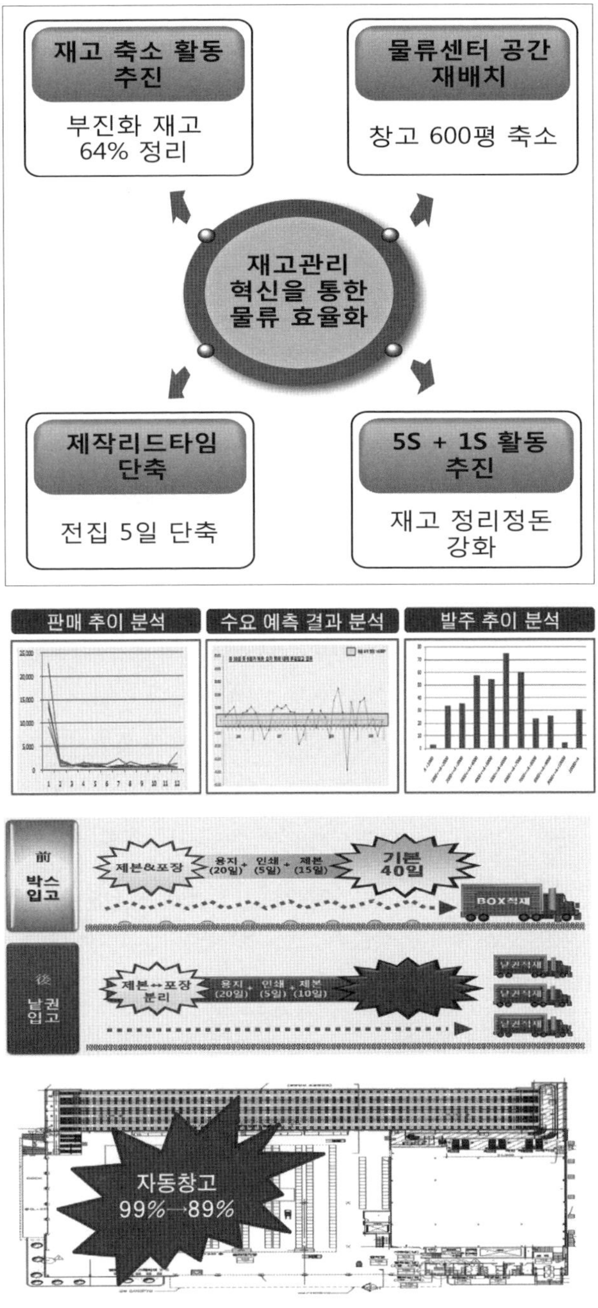

이 같은 가시적인 성과와 더불어 웅진씽크빅은 폐기규정안 마련, 제작리드타임 단축, 발주 주체 책임 명확화, 전집 발주수량 소량화 등 체계적인 재고관리를 추진하고 있다. 재고관리 혁신으로 2009년 12월, 재고회전일을 개선하였고 부진화 재고율을 단축하였다. 이로써 웅진씽크빅은 보유재고를 대폭 축소하여 물류센터 공간을 확보하고, 제2의 물류센터 건립을 연장하고 비용발생을 최소화하는 등의 혁신적인 성과를 거둘 수 있었다.

ii) 웅진다책ZONE

미래교육사업본부에서는 전집 사업의 지속적인 매출 증대를 위해 2009년에 BCP(brand contact point: 고객 브랜드 접점) 혁신을 통한 지역 마케팅 활성화를 본부 혁신과제로 추진하였다. 저가 전집의 판매가 늘어나면서 영업 환경의 경쟁이 심화되고, 맞벌이 증가, 온라인 쇼핑 채널의 확대로 현장의 고객 접점이 줄어들고 있을 뿐만 아니라 광고와 홍보의 부족, 물리적 · 심리적 제약으로 인해 방문판매 영업이 갈수록 어려워지고 있다. 이러한 영업 현장의 문제를 개선하고 신규 고객의 DB를 확보하기 위해, BCP 혁신을 통한 지역 마케팅 활성화가 중요하고 시급하다고 판단하였다.

미래교육사업본부는 웅진다책에 대한 고객 접점을 증가시켜 해당 접점에서 고객 DB를 확보한다는 전략 아래, 전략적 제휴를 통해 shop in shop 형태의 다책 체험공간인 '웅진다책ZONE'을 개발하는 것을 적극 추진하였다. 웅진다책ZONE에서는 웅진다책 제품 체험, 독서상담부스 운영, 교육정보지 비치 등을 시행, 웅진다책의 제품과 브랜드를 홍보하고 고객 DB를 확보하여 광고, 홍보와 지역 마케팅을 동시에 실현하고자 하였다.

이를 위해 우선 백화점, 대형마트, 외식업체 등과 전략적 제휴를 하여 롯데백화점과 롯데마트, 빕스, 씨푸드 오션 등을 파트너로 영입함으로써 2009년 3월부터 롯데마트 수지점을 시작으로 제휴 업체의 매장에 웅진다책ZONE을 개설하게 되었다. 제휴 매장의 형태에 따라 도서관형 또는 책장형으로 구분되어 우수도서의 열람뿐 아니라 독서상담과 교육정보서비스, 다양한 이벤트도 함께 제공하여 고객들로부터 긍정적인 반응을 얻고 있다.

고객의 성원 속에서 웅진다책ZONE을 꾸준히 확대하여 2009년 말 기준으로 전국의 롯데백화점, 롯데마트, 하이브랜드 등 총 16곳의 매장에서 운영하고 있다. 웅진다책ZONE을 통해 확보된 고객 DB는 매출로 연결되어 2009년 말까지 약 21억 원의 매출을 창출하는 성과를 거두었다. 또한 제품과 브랜드 노출로 연간 최소 6,900만 원의 광고홍보비를 절감하였고, 웅진다책ZONE을 거점으로 한 지역 사업조직의 온 · 오프라인 프로모션 활성화의 성과도 거두었다.

(3) 5S 연구회

5S는 정리(seiri), 정돈(seiton), 청소(seiso), 청결(seikeku), 습관화(situke)를 의미하며, 업무의 표준을 만들고자 하는 것으로, 일본 도요타를 벤치마킹 하였다. 2009년 9월에 출범한 5S 연구회는 보이지 않는 곳의 낭비를 찾아 제거하여, 혁신에 대한 작은 성공 체험을 모든 직원이 공유하는 활동이다. 즉 '생활습관 혁신을 통한 5S생활화'를 활동 목적으로 삼고 있다. 3대 낭비요소를 줄이고, 전 식구가 참여하여 주인의식을 가지고 혁신문화를 정착시키는 데에 그 의의가 있다.

PDCA 싸이클, 즉 Plan(개선대상 찾기), Do(개선하기), Check(개선 아이디어 더하기), Action(현장에서 개선 내용 공유/발표)의 방법으로 활동하고 있다. 활동영역은 영업현장을 포함한 전사 사무실과 물류센터, 창고 및 협력업체이다. 각 본부별로 선정된 총 10명의 구성원이 3개월 동안 월 1회씩 활동하고 있다. 따라서 2011년까지 전 직원 1회 이상 체험을 목표로 삼고 있다. 2010년

〈그림 Ⅱ-14〉 3대 낭비 요소

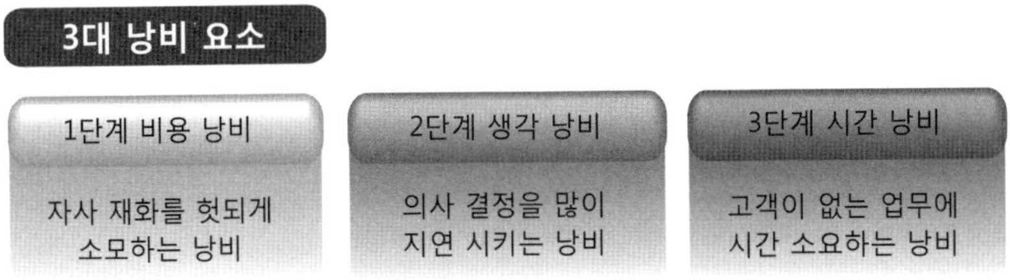

8월 기준으로 총 206명이 체험하였다. 전사 문서고 개선, 전사 기타 비품 창고 개선, 전사 통합 문구 프로세스 확립, 단행본 창고 개선, 영어사업단 현장 개선, 교문본부 현장 개선 등의 활동을 시행한 바 있다.

5S 연구회 1기 '고쳐드림팀'은 2009년 10월에 파주사옥 문서고, 11월에 법

〈그림 Ⅱ-15〉 비용 낭비 제거 방안 및 본부 통합 문구함 운영 사례

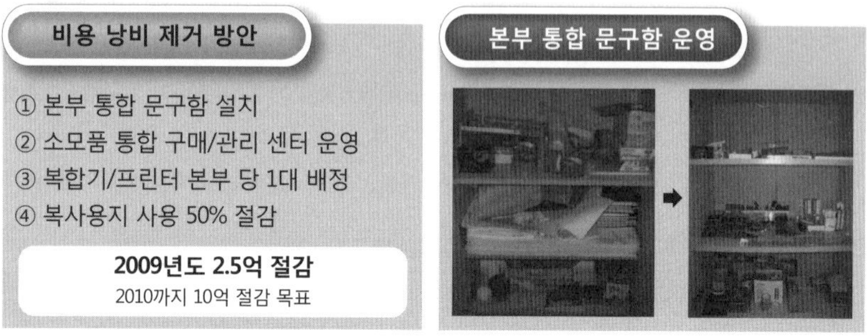

〈그림 Ⅱ-16〉 5S 연구회 낭비제거 과제 사례

기수	낭비 아이템 제거 과제명	성과
2기	A조: 전사 콘센트 오프 시스템 구축 B조: 퀵서비스 단일화	A조: 연간 약 400만 원 절감 B조: 연간 약 510만 원 절감
3기	A조: MRO 계정 추가를 통한 낭비 제거 B조: 전사 콜 택시비 절감(파주 사옥)	A조: 연간 약 3억 절감
4기	A조: 전사 단체복 구매프로세스 개선 B조: 전사 행사 단가 단일화 추진	
5기	A조: SMS, 넷스팟, 도메인 제거 B조: 명함 사용량 절감을 통한 환경 경영	A조: 연간 약 1.2억 절감
6기	A조: 복사용지 낭비 제거 후 긍정적 인센티브 지급 B조: 잔식 ZERO화 시스템 마련	진행중

- 12개의 낭비 아이템 9개 과제가 실행됨.
- 기타 낭비 제거 아이템 실행: 각 회의실 플래밍의 왼손 법칙, 커피 자판기 반납, MRO 계정 추가

〈그림 Ⅱ-17〉 5S 즉실천과제 사례: MRO 비용 효율화 방안

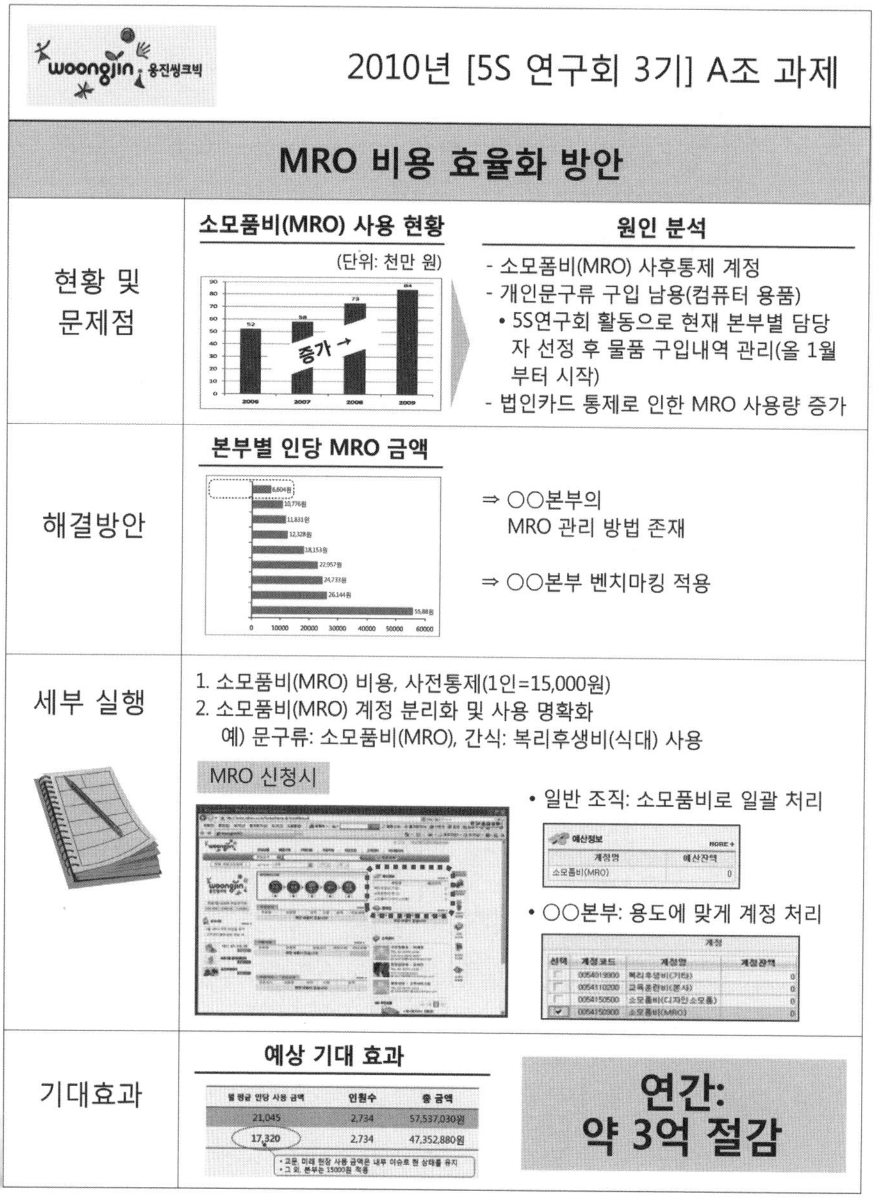

〈그림 Ⅱ-18〉 5S 즉실천과제 사례: 전사 잔식 ZERO를 위한 시스템 구축

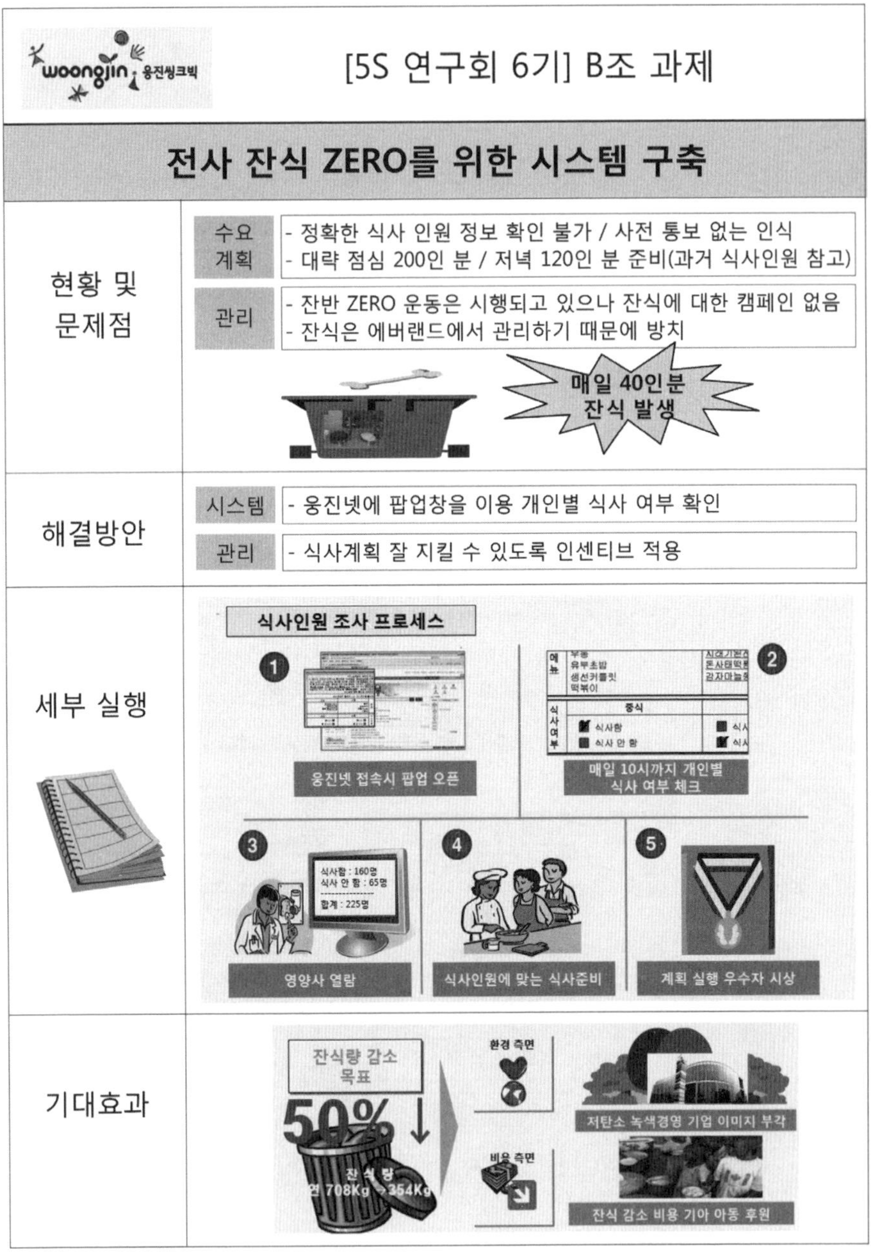

원리 물류센터, 12월에 조직 공통 공간에서 소모품 사용과 공간 활용에 대한 낭비 요소를 제거하는 활동을 수행하였다. 2009년 활동으로 약 2억 5,000만 원의 비용이 절감되었다.

(4) 지우잡

웅진씽크빅에서는 팀 차원의 창조적인 업무 달성에 집중할 수 있도록 팀 지우잡을 실행하고 있다. '지우잡'이란 '지우다'와 '일(job)'을 합성한 말로, 낭비와 중복, 불필요한 활동을 개선하고 업무 프로세스를 효율화하는 것이다. 팀 지우잡은 비효율적인 업무 시간을 줄이고 창조업무의 시간을 확보해줌으로써, 업무 효율화와 혁신활동 강화라는 두 가지 측면에서 효과가 있다.

지우잡이 실질적 효과를 내도록 실제 지우잡 활동을 통해 개선한 내역을 작성해서 제출하도록 한다. 개인 지우잡에서 팀 지우잡으로 확대해 팀별로 핵심 업무를 정의하고 창조업무 실행계획을 세운 뒤, 팀 업무분석과 개선방향을 도출하여 지우잡 대상 업무를 선정하게 된다(신수정 · 김도균, 2010).

〈그림 Ⅱ-19〉 지우잡 세부 운영안

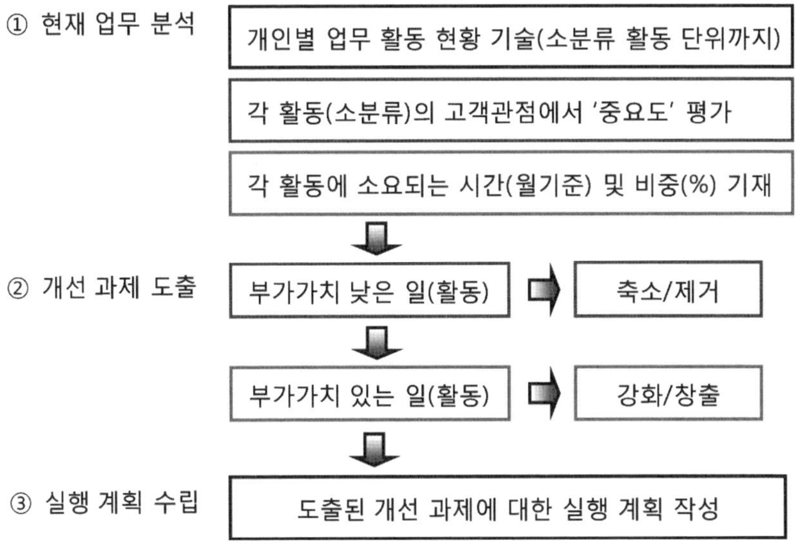

〈그림 Ⅱ-20〉 지우잡 장표 작성 사례

대분류	중분류	소분류	중요도	소요시간(월평균)	비중(%)	개선 계획
수익성 마감 업무	관리회계(CO) 모듈관리	코스트 센터 신규 생성/종료	中	5	3	유지
		오더 신규 생성/종료	中	5	3	유지
		사업영역별 구분회계 기준 관리	上	10	6	유지
	CCA마감 사이클 업데이트	bpr 신규 생성/종료	中	5	3	유지
		지원/사업본부 공통비 배부로직 기준 정립	上	30	17	개선
	본부별 손익마감	본부별 세부손익 산출, 수익성(PA) 분석 레포트	上	30	17	개선
예산 관리 업무	예산 변경 관리	예산 추가, 이월, 선집행 관리	上	15	9	유지
		팀별 운영비 배정	中	5	3	유지
	예산 시스템(SAP) 관리	예산기준 정보 관리(예산그룹 및 계정)	上	20	11	개선
		예산변경 결재자 관리 및 기타 예산업무 관리	上	10	6	개선
	연간예산 배정	계획손익 산출/확정, 보고, 예산 배정	上	20	11	유지

대분류	중분류	소분류	중요도	소요시간(월평균)	비중(%)	개선 계획
기타	위임전결규정 관리	위임전결규정 변경 및 업데이트	上	10	6	유지
	주간 회의	기획실 주간회의 자료 취합 및 배부, 회의장 예약	下	5	3	유지
	수명업무	경영기획실, 대외협력실 관련 전표 처리 등	下	3	2	유지

〈그림 Ⅱ-21〉 지우잡 발전단계 및 추진 성과

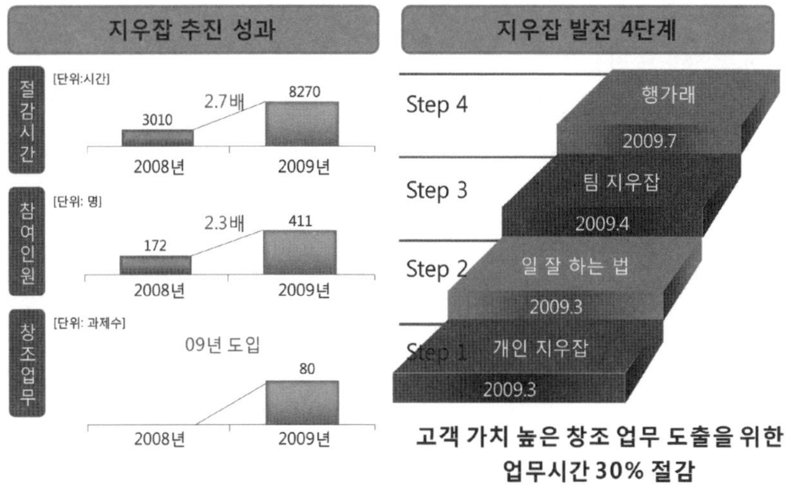

(5) 행가래

행가래는 행복(幸)이 웅진씽크빅 식구(家) 모두에게 찾아온다는(來) 의미이다. 2009년 상반기부터 웅진그룹 전 계열사가 실시하고 있으며, 각자의 업무를 시각화하여 이를 공유하는 비주얼 플래닝(VP: visual planning) 제도이다. 매일 아침 모여 서로의 일과 활동을 공유하고 있다. 이 공유의 장을 통해 조직의 비전과 전략을 기반으로 개인의 목표와 활동을 계획하고 공유함으로써, 보다 체계적이고 효율적인 목표 관리와 업무 시행이 가능해졌다.

예를 들어, 웅진씽크빅 영어사업기획팀은 매일 아침 출근하면서 행가래 게시판에 자신의 그날 기분과 컨디션을 '햇살', '먹구름' 등의 아이콘으로 표현한다. 그리고 팀원에게 칭찬 쿠폰을 붙여주기도 한다. 교문교육팀은 업무 특성상 외근이 많기 때문에 매일 자신의 외근 일정과 동선을 게시판에 써 놓는다. 이를 통해 팀원들이 각각 어디서 무엇을 하고 있는지 알 수 있다. 또한 업무 외적으로도 팀원들의 사기를 북돋아줄 수 있는 행복 업무 리스트를 만드는 팀도 있다. 그간 서로 말로 표현하기 어려웠던 부분을 게시판을 통해 소통할 수 있게 된 것이다(정효진, 2010).

매일 오전 업무를 시작하기 전 각 팀별로 게시판에 자신의 업무 현황을 일간, 주간, 월간 단위로 표현하고 다른 팀원들의 업무 현황을 파악한다. 업무사항을 자세히 기재하고, 당일 목표를 적어 놓아 모든 목표와 활동들을 가시화시킨다. 목표 달성치를 정해 놓으며, 주간 업무가 어떤 목표와 일치되는지를 볼 수 있도록 한다. 특히 웅진씽크빅에서는 매일 오전 9시 30분에 팀별로 모여 날마다 다른 테마를 가지고 의사소통을 한다. 팀원들의 활발한 참여를 위해 팀장은 주관하지 않고 단지 참여만 한다. 이 행가래 활동으로 인해 팀별 주간회의가 사라졌고, 오프라인상의 참여와 커뮤니케이션이 늘어났으며 각자가 해야 할 일도 보다 명확히 알 수 있게 되었다. 또한 서로 하고 있는 일에 대한 정보를 공유할 수 있기 때문에 서로의 상황을 보다 잘 알 수 있고, 따라서 특별히 업무가 과중되어 있는 동료의 업무를 돕는 협력의 장이 될 수 있다.

2010년에는 업무 가시화에 초점을 두고 진행되어, 전사, 본부, 팀의 KPI와 연관되어 진행이 되었다. 본인이 팀에 어떻게 기여했는지를 인식하게끔 하기 위해 핵심 업무를 끌어내는 연습을 하게 한 것이다.

반면 2011년에는 성과 드러내기에 초점을 두었다. 본인이 어떤 방향으로 전략에 기여하는지 도식화시키고 "세계 1등 전략 → 팀, 본부 전략 → KPI 업무"를 연결시키며 전략에 맞추어 진행된다. 나와 타인, 개인과 팀장과의 관계가 강화되며 오늘, 내일의 일들을 명확히 알게 되고, 가시화로 인한 긴장효과가 형성되는 등의 긍정적인 효과들이 있다. 특히 최 대표는 행가래를 통해 달성해야 할 문화는 '신기문화'임을 강조하며, 모두가 자랑거리 세 가지 이상을 자랑하도록 한다.

행가래는 원래 포스코 생산현장의 VP에서 벤치마킹을 한 것인데, 웅진에서는 이것을 사무실 군에 적용한 것이다. 따라서 이것을 보고 포스코가 오히려 역 벤치마킹을 하기도 하였다.

웅진씽크빅은 행가래를 꾸준히 실행하고 있으며, 이러한 오프라인상의 업무 가시화와 커뮤니케이션을 활발히 함으로써 행가래 자체가 큰 혁신의 사례가 되었다. 뿐만 아니라 매일의 심도 높은 커뮤니케이션을 통해 서로를 보다 잘 알게 되므로 팀원들의 평가나 코칭에도 크게 도움이 된다.

장점도 단점도 드러내는 것이 혁신의 시작

'미에루카'는 '볼 수 있게 하라'는 뜻의 일본말로, 1990년대 도요타 등 일본 기업들이 도입한 경영혁신 기법이다. '문제를 해결하려면 문제점을 보이게 하라'는 것이 주요 내용이다. 현장에서, 현물을 보고, 현상을 파악해야 한다는 '3현(現)주의'에 기반을 둔 일본기업 특유의 경영관리 방식이다.

웅진그룹이 도입한 VP제도 '행가래'는 포스코에서 전파된 혁신 기법이다. 웅진은 VP제도 시행에 앞서 주요 계열사 최고경영자와 혁신담당 임원들이 포스코를 수차례 찾았을 정도로 포스코의 VP제도를 적극적으로 참고했다.

포스코는 국내 기업들 가운데 가장 먼저 VP제도를 도입했다. 정준양 포스코 회장이 2007년 포스코건설 사장 재임 시절 VP제도를 국내에 들여왔다. 정 회장은 포스코건설 사장으로 있을 당시 관리자급 이상 직원들에게 '미에루카 경영전략'이라는 경영서적을 나눠주며 "잘못된 업무 관행과 비효율적인 업무처리 방식, 불필요한 지시나 보고, 회의 같은 낭비 요인은 버리고 가치 있는 업무로 채우자"며 VP제도 시행을 독려했다. 정회장이 취임하면서 VP제도는 포스코 전 계열사로 확대됐다. VP제도를 비롯한 각종 혁신 활동으로 포스코 광양, 포항제철소가 연간 절감하는 비용만도 1조 원에 이르는 것으로 알려졌다.

LG전자도 지난해 포스코 광양제철소를 방문한 남용 부회장이 VP제도 도입을 적극 검토할 것을 지시한 데 따라 올해 초부터 생산, 연구개발 등 모든 사업장에서 VP제도를 시행하고 있다.

(정효진, 2010)

〈그림 Ⅱ-22〉 행가래 성과

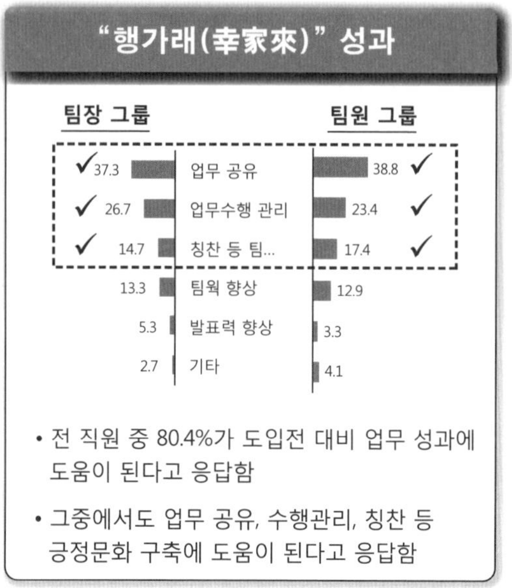

〈그림 Ⅱ-23〉 행가래 판 운영 사례

(6) 상상오션

상상오션은 임직원의 창조적인 아이디어를 자유롭게 제안하는 사내 제안 제도이다. 혁신에 대한 제안을 직원들이 좀 더 활발하게 재미를 가지고 자발적으로 제출하는 방안을 모색하던 중 온라인을 이용하여 일과 놀이의 경계를 없애는 '재미'를 주고 그에 상응하는 '혜택'을 주어 차별화한 것이다. 임직원들이 상상오션 사이트를 통해 아이디어를 제안, 실행하면, 각 직무그룹별로 구성된 전문 심사위원 그룹이 이를 심사하여 보상한다. 2009년에는 월 평균 등록 2,444건, 실행 1,756건의 실적을 올렸으며, 이러한 실적은 2008년보다 등록은 2.8배, 실행은 15.6배가 늘어난 수치이다.

직원들의 참여도가 날로 높아지고 있으며, 여기서 나온 아이디어는 업무현장에서 실질적인 성과를 만들어내기도 한다. 상상오션을 체험한 많은 외부인들이 놀라는 것은 직원들이 거침없이 실명으로 제안을 올리고, 도움을 요청하면 동료나 상사가 서로 도와주는 웅진의 열린 기업문화다.

2008년에는 상상오션을 통해 우수 제안 직원에게 700만 원의 포상금을 주는 등의 금전적인 인센티브를 제공했다. 그러나 2009년에는 포상금을 5만 원 상당 상품권으로 감소시키는 대신 아바타 옷 입히기, 조직 간 매칭 배틀, 상상콤비 등 조직과 개인 간 격차 해소를 위해 다양한 이벤트를 실시하여, 즐기는 문화를 만드는 데 주력했다. 2009년부터는 모두 함께 즐겁게 하자는 분위기를 조성했고, 큰 보상보다는 좋은 아이디어를 인정해주고 신속하게 평가하여 결과를 보여주고 누구에게나 열려 있는 방식으로 운영한 결과 참여율이 급등하였다(신수정 · 김도균, 2010). 오히려 2008년의 파격적 보상이 있었던 해보다 2009년 성과가 훨씬 높았던 것이다. 2011년 최근에는 보다 제안의 질적인 측면 강화를 강조하고 있다.

인트라넷 시스템을 통해 본인이 회사, 팀, 자신에게 요구하는 것들을 제안할 수 있다. 인트라넷 "상상오션" 내에 '자기상상', '도움상상', '테마상상', '파이어니어', '상상날개' 의 항목들이 있다. 상상오션에서 1차, 2차 심사를 거치게 되는데, 2차 심사시에는 직원이 강 영역별 심사위원이 되어 직접 심사하

〈그림 Ⅱ-24〉 상상오션 운영 체계

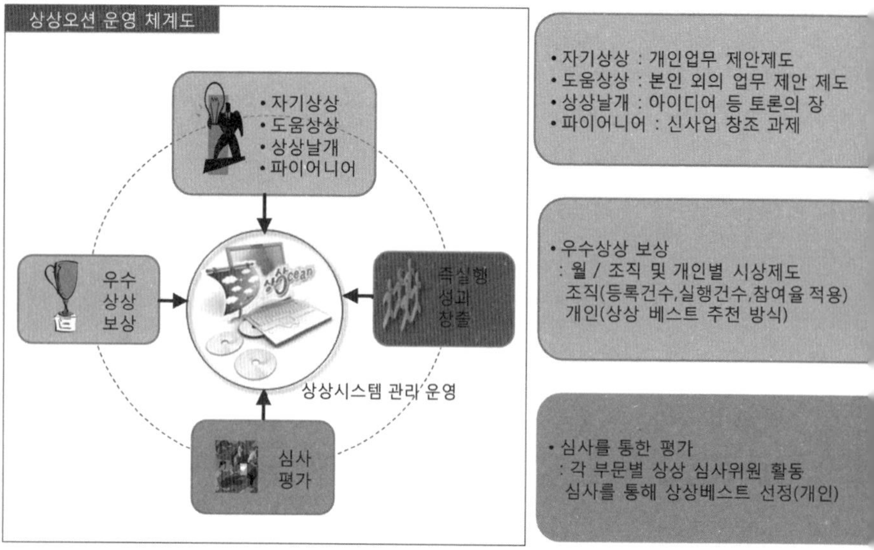

〈그림 Ⅱ-25〉 상상시스템 메인

〈그림 Ⅱ-26〉 나의 상상 통계: 월별 개인 관리

나의 상상통계 2010 V

구분	등록						실행		
	자기 상상	도움 상상	테마 상상	파이 어니어	상상 날개	소계	자기 상상	도움 상상	소계
1월	4	4	0	0	0	8	0	0	0
2월	12	7	0	0	0	19	3	0	3
3월	27	32	0	0	0	59	22	4	26
4월	8	12	0	0	0	20	15	4	19
5월	1	0	0	0	0	1	1	0	1
6월	222	17	0	0	0	239	71	8	79
7월	4	12	0	0	0	16	4	0	4
8월	1	8	0	0	0	9	1	0	1
9월	17	8	0	0	0	25	0	0	0
10월	0	0	0	0	0	0	0	0	0
11월	0	0	0	0	0	0	0	0	0
12월	0	0	0	0	0	0	0	0	0
누계	**296**	**100**	**0**	**0**	**0**	**396**	**117**	**16**	**133**

〈그림 Ⅱ-27〉 상상오션 추진 성과

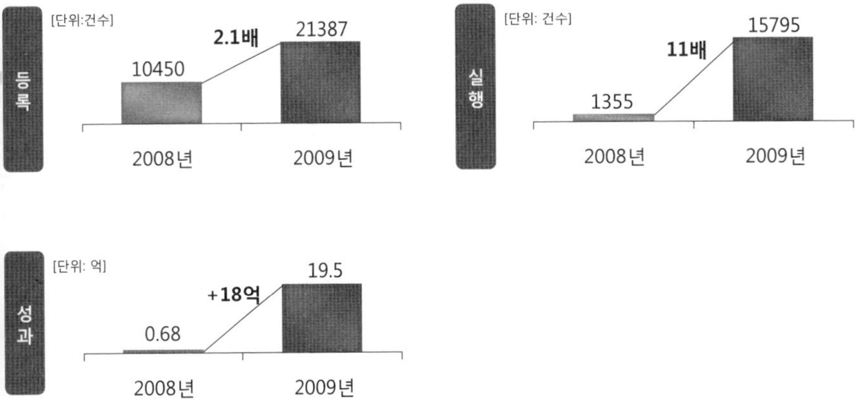

〈그림 Ⅱ-28〉 상상오션 우수사례 예시 1

상상명	양장책 표지 넘김 안정화 향상 안
상상내용 (기획)	[현황 및 문제점] 현재의 양장 제본 방식에서, '표지'와 '내지(본문+면지)'를 부착시키는 공정('성책')에서 마지막에 책골을 세팅하는 관문에 '고무롤'을 이용해서 눌러주고 있으나 고무롤의 수량을 늘려 놓았어도 책골을 세팅하는 역할의 안정성이 다소 부족하여 이를 개선하고자 함.
상상내용 (실행성과)	[실행 및 효과] • 고무롤의 수량을 늘려 놓았어도, 책골을 세팅하는 역할의 안정성이 다소 부족 → 고무롤의 일부를 금속롤로 교체하여 병행 사용함. ※ 참고사항: 표지 넘김이 안정화가 중요한 이유는, 내지를 잡아주는 역할이 매우 향상되어, 책('표지 및 내지')이 벌어지는 것을 방지해, 책의 물리적 · 심미적 품질을 높여주는 아주 중요한 역할을 하기 때문 • 금속롤은 열전도가 가능하여, 책골에 분포되어 있는 접착제를 보다 효과적으로 고르게 분포시켜 마무리 세팅이 가능하여 단순히 고무롤로만 눌리는 가공 방식에 비해, 책 넘김의 안정화가 매우 향상됨. • 시행결과 기존 방식에 비해, '표지 및 내지의 넘김'이 매우 안정화됨.

여 좋은 아이디어를 추천하게 된다. 최종 선정은 프리젠테이션을 통해 진행되고, 상위권은 포상도 받게 된다. 또한 상상오션을 실행하면 포인트(point)를 주게 되는데, 이는 온라인 마일리지로서, 이 마일리지가 복지 포인트로 전환되어 현금으로 사용할 수 있다.

웅진씽크빅에서 한 가지 특이한 사항을 발견할 수 있는데, 회의실에서 50분이 지나면 자동으로 불이 꺼진다. 이것은 상상오션에서 나온 아이디어로, 불필요하고 과도한 회의를 막고 전기 절약에 기여하는 등 효과를 톡톡히 보고 있다. 이렇게 상상오션을 통해 제안된 아이디어는 실제 조직에 반영되고 즉시 실행되어 더욱더 구성원들의 참여를 이끌어낸다.

〈그림 Ⅱ-29〉 상상오션 우수사례 예시 2

상상제목	씽크빅 신규회원 관리 방안 '신규 리플렛 활용의 건'
상상내용 (기획)	• 매월 입회되는 회원이 유형을 보면 신규, 재입, 전입회원으로 구별되어 회원이 유입되고 있다. 그중에서도 신규 회원의 경우 유입량도 많지만 휴회 나는 비중에 있어서 가장 큰 부분을 차지하고 있다. • 우리 교재의 우수성을 다 경험하지도 못하고 학습 초기, 즉 3개월 이내 휴회 나는 비율이 가장 높은 것이다. • 특히 1분기의 경우는 신규회원의 유입이 가장 많은 시기로 이 시기부터 신규회원에 대한 관리 방안이 마련되어 현장에서 활동할 수 있도록 한다면 교문 휴회율 감소에 큰 영향력을 미칠 것이라 생각된다.
상상내용 (실행성과)	[실행 및 효과] • 2월에 신규 입회된 회원과 전입회원에게 사용할 수 있도록 "신규 리플렛"을 만들어 현장 제공하고 교육을 실시하였다. 그 결과 4월 휴회율이 신규는 ○○%, 전입은 ○○% 감소하였다. 회원수로 보면 둘을 합해 916명의 회원이 전년 대비 줄어들지 않은 것이다. • 6개월분 제작을 위해 약 1,500만 원을 소요하였는데 1개월 효과가 916과목, 즉 2,900만 원이 넘는 매출효과를 나타낸 것이다. 6개월분을 제작(1,500만 원)하였기 때문에 6개월 사용분량의 효과를 예측한다면 총 1억 7,600만 원의 매출 효과를 올린 것과 동일하다. 추후 지속적인 모니터링을 통해 휴회율 감소추이를 지켜보면서 성과를 측정할 예정이다.

2) 혁신 문화 구축활동 및 혁신 3종 세트

웅진씽크빅은 '365일 365도' 혁신을 진행하고 있다. 매월 1회 W-TPS 세미나를 개최하여 혁신활동의 진행상황과 성과를 점검하고 새로운 계획을 수립하는 시간을 갖는 것은 물론, 매월 1회 개최되는 월례조회인 '행복마당'을 통해 본부별 혁신전략을 역할극, 동영상 등 다양한 퍼포먼스로 공유하고 있다. 또한 승진자 논술 시험 주제를 '혁신'으로 정하는 등 직원들이 즐겁게 참여하고 몰입할 수 있는 다양한 혁신문화활동을 지속적으로 전개해 나가고 있다. 매년 1회 웅진그룹에서 주관하는 혁신경진대회에도 적극적으로 참여하고 있다.

또한 매년 1회 이상 '이노페스티벌'을 개최하여 이노오션그룹 과제, 본부혁신과제, 상상오션 등의 성과를 발표하고 우수 과제에 대해 시상을 진행한다. 국내 혁신 전문가를 초빙하여 혁신을 주제로 한 8개의 특강을 진행하기도 한다. 이노페스티벌은 원래 전일로 진행되다가 최근에는 반나절 동안 진행되는데, 보물찾기, '도전씽크벨'로 불리우는 혁신퀴즈대회 등 다양한 이벤트가 있다. 이노페스티벌이 끝나는 무렵 저녁에는 팀장들이 직접 먹거리를 판매하여 서번트 리더십의 모범이 되기도 한다. 직원들은 자신들의 과제를 마음껏 자랑하고 서로 투표도 하며 시상금도 받는다.

상상하고, 소망하고, 실행하며, 혁신을 체계화시키는 이노페스티벌을 통해 혁신 아이디어를 실행하고 성취하는 단계까지 이룰 수 있다. 2011년 이노페스티벌에서 회사 로비에는 2011년 목표인 '세계 1등' 과제가 진열되도록 하였다. 또한 이를 상징하는 '세계 1등 타워'를 진열하였는데, 세계 1등에

〈그림 Ⅱ-30〉 창조적 조직문화 구축

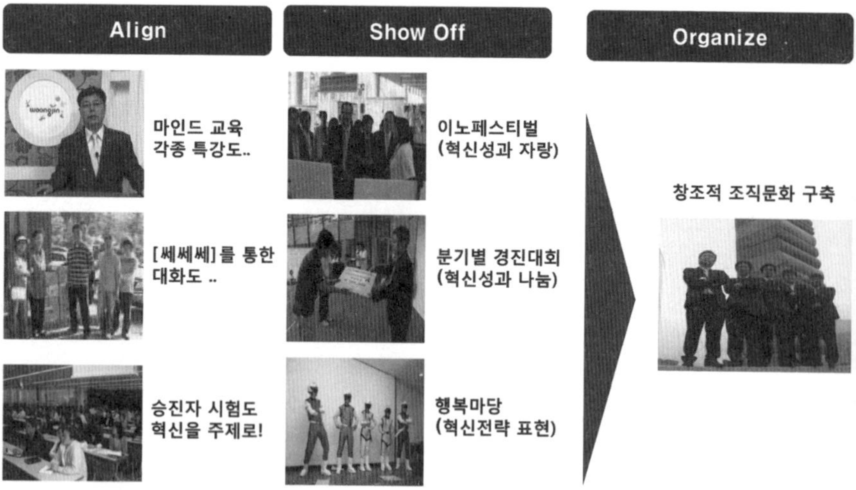

〈그림 Ⅱ-31〉 이노페스티벌: '도전씽크벨'

〈그림 Ⅱ-32〉 이노페스티벌: 섬김 리더십의 현장 '경영진 포차 운영'

〈그림 Ⅱ-33〉 이노페스티벌: 세계 1등 타워

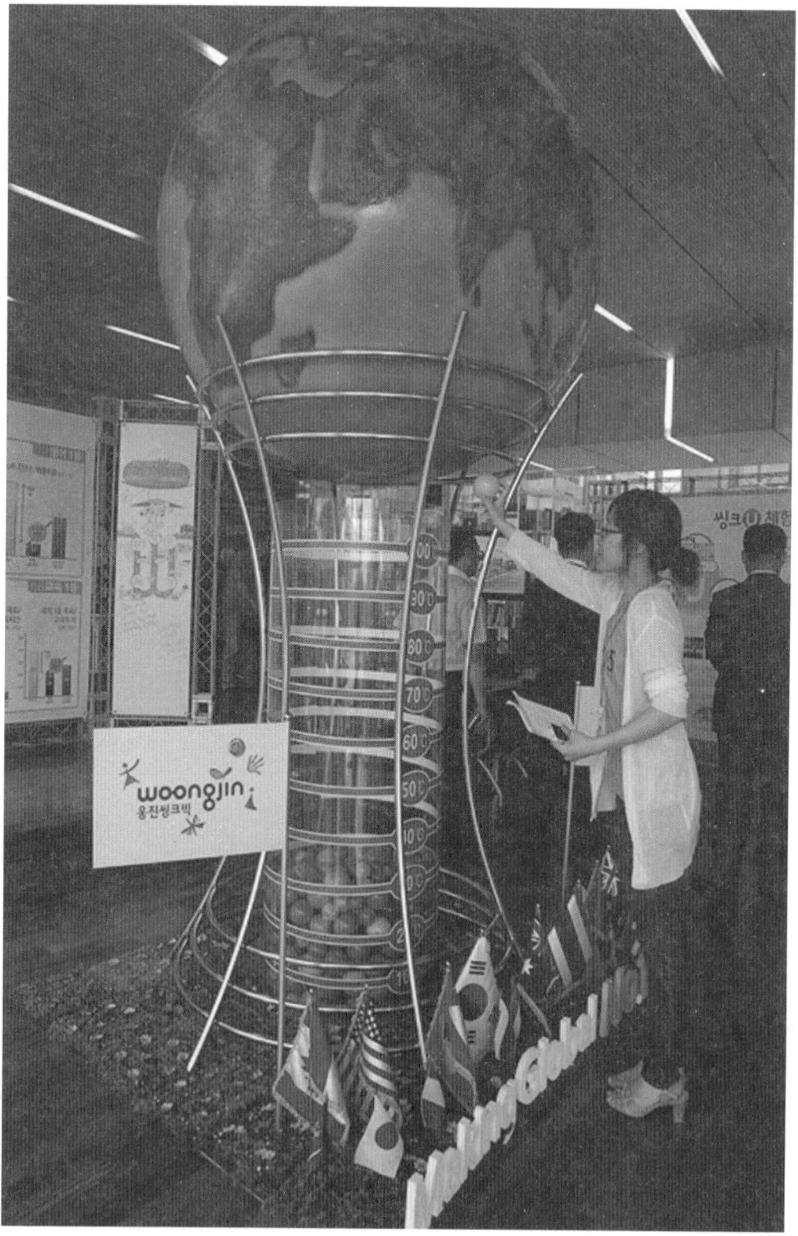

대한 다짐이나 기원을 적은 공들을 타워 안에 집어넣게 된다. 지구본을 향한 타워의 온도계 눈금은 세계 1등, 글로벌화에 대한 현재 달성률을 상징한다.

2010년에는 전 조직의 혁신문화를 정착시키고 실행 성과를 강화하여 혁신의 지속적 선순환 구조를 만들겠다는 전략을 수립하였다. 서른을 맞은 웅진씽크빅은 앞으로의 30년 준비를 하고 있는데, 앞으로 30년 후 어떤 비전을 갖고 어떻게 성장해갈 것인가에 대한 준비로 'Another 30, 이노베이션 123'을 2010년의 모토로 정했다. 또 다른 30년에 대한 준비와 혁신을 통해 세 가지 비전을 달성하겠다는 것이다. 1은 매출 1조 원 달성, 2는 두 자릿수 영업이익률, 3은 세 가지의 신성장 동력 발굴을 의미한다.

이를 위해 2010년 신규 추진 혁신활동으로, 혁신의 연장선상에서 세 가지 제도를 도입했다. 이는 '혁신 3종 세트'라 불리우는 창조연구활동 '이노홀릭(Inno-holic)', 사내벤처제도 '이노밸리(Inno-valley)', 그리고 글로벌 체험제도 '브라보(bravo)'이다. 이 활동들은 향후 새로운 조직의 문화로 자리잡을 것이라는 기대를 가지고 있다.

(1) 이노홀릭(Inno-holic)

창조연구활동인 이노홀릭은, 매주 수요일 오후 4시부터 6시 30분까지 직원들이 현업에서 벗어나, '콩(Cong)' 단위로 모여 색다른 영역을 학습하고 연구하는 프로그램이다. 2개 이상의 팀을 섞어서 업무비 관련된 '콩' 활동을 하게 된다. 콩(Cong)은 'Creative Organizaiton'과 현재진행형 '~ing'를 조합한 단어이다. 이노홀릭은 Valuable, Smart, & Heart의 가치를 추구한다.

개인창조성을 키우기 위한 이 활동을 통해 신사업이 나오기도 한다. 그리고 여기서의 아이디어가 사내 벤처인 이노밸리로 연결되기도 한다. 공유회를 통해 그간의 활동들을 자랑하도록 하며, 이렇게 이노홀릭을 통해 아이디어 아이템들을 늘릴 것으로 기대하고 있다. 콩 조직은 가급적 다른 팀 소속 직원들과 구성하도록 하며, '콩장'을 포함하여 2명 이상 8명 이하로 이루어져 있다.

R&D 조직의 경우 콩을 통해 스터디그룹을 만들기도 하고, 그밖에 아이폰

어플 등을 연구하는 아이콩, 바둑을 연구하는 바둑이콩, 미술에 관심을 가진 미술관콩, 디지털/SNS 콩, 재테크 콩, Crazy 콩, Happy 콩, 책 콩, 홈 콩, Style & fashion 콩, 락밴드 콩, 골프존 biz model 연구 등의 매우 다양하고 참신한 콩들이 있다.

이노홀릭은 구글이나 3M의 컨셉들을 벤치마킹하여 탄생하였다. 구글은 전 직원이 자유롭게 자신의 시간 20퍼센트를 업무와 관련되지 않은 창의적인 일에 쓸 수 있는 '20퍼센트룰'을 시행하고 있다. 개인적인 열정을 추구할 수 있는 통로를 마련해주는 이 제도는 직원들이 자신의 에너지를 소진하지 않을 수 있도록 막아주는 역할도 한다(Hamel & Breen, 2008). 구글의 대표적인 서비스이자 사용자들로부터 호평을 받고 있는 지메일, 소셜 네트워킹 사이트인 오컷(Orkut) 모두 20% 제도를 통해 탄생했고(장유엔창, 2010), 회사의 신제품 절반 이상이 20퍼센트 프로젝트에서 나올 정도로 이 제도의 효과

〈그림 Ⅱ-34〉 콩 활동 예시

콩명	활동 내용
막&과이 콩	"학교시험 종결 서비스" 문화와 연계한 교육사업의 새로운 비즈니스 모델 발굴.
하이브리드 콩	스마트폰을 통한 교사 업무 지원 APP 개발 연구회
유아기관 콩	"유아기관 사업 부가서비스 확장을 위한 공연 탐방 연구"
셤잘보콩	초/중등 학교시험 대비 프로그램
콩!푸팬더	다양한 SNS 매체를 통한 단행본 홍보 전략
커피 콩	문화 콘텐츠 케이스분석 및 스터디
문화야 놀자	문화 트렌드 연구
앱 콩	다양한 형태의 앱, 소프트웨어 연구 분석
사랑하자 콩	소셜커머스, 소셜미디어를 활용한 새로운 서비스 사업
잘팔리는 콩	매력적인 상품의 브랜딩, 카피작성 연구
즐거운 콩씨	유아 과학/ 사회과학 이론 학습
디바 콩	디바이스 관련, 다양한 디바이스 정보

〈그림 Ⅱ-35〉 이노홀릭 개요

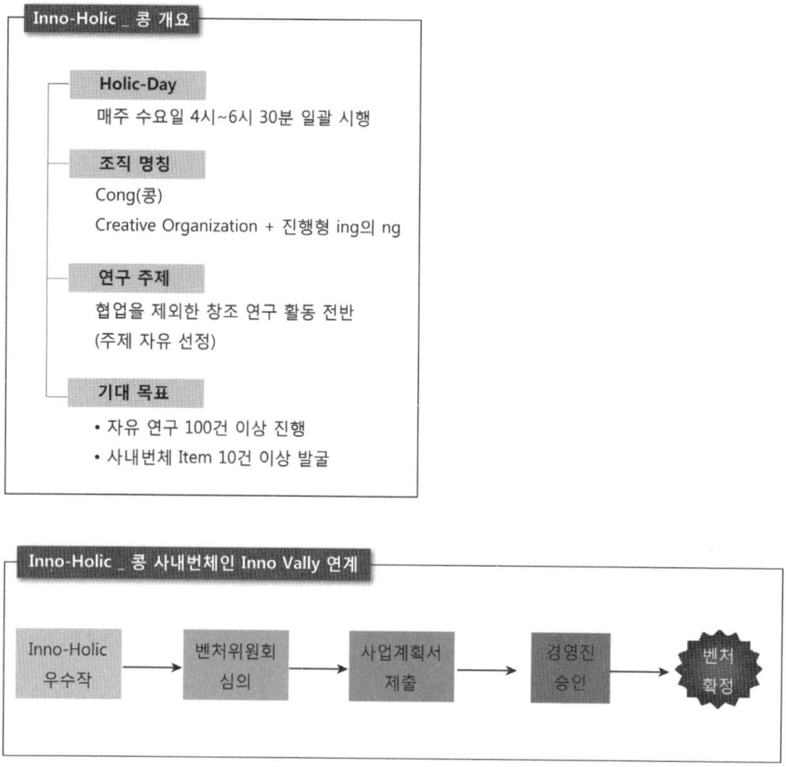

는 크다(Hamel & Breen, 2008).

3M 역시 비슷한 제도로서 '15퍼센트룰'을 연구개발 부서를 중심으로 시행하고 있다. 핵심인재들의 업무시간 중 15퍼센트를 자기개발이나 미래 구상 등에 사용하게 하는 것이다(송재용, 2011). 직원들이 주어진 업무 외의 활동에 시간을 사용할 수 있게 함으로써 회사를 위해 최선의 것을 제공할 수 있는 환경을 조성해주는 데 그 의의가 있다(Gundling, 2000).

이노홀릭은 이러한 컨셉들을 참고하여, 웅진이라는 한국의 대기업으로 이러한 제도를 가져옴으로써, 운영방식 등에 차별화를 보이며 웅진씽크빅에 적합한 제도로 승화시켰다.

〈그림 Ⅱ-36〉 이노홀릭(콩) 우수 사례 1: Allmomwants콩

*** Allmomwants 콩: 엄마가 원하는 세상의 모든 지식**

- 연구 주제: 부모와 자녀가 공감할 수 있는 감성문화공연의 기획
- 미국의 TED.com과 같이 한국형 TED concert를 기획하여 엄마가 원하는 정보를 동영상으로 제공해주는 인터넷 사이트의 플랫폼을 제공하고자 하였다.

<All mom wants 사업 개요>

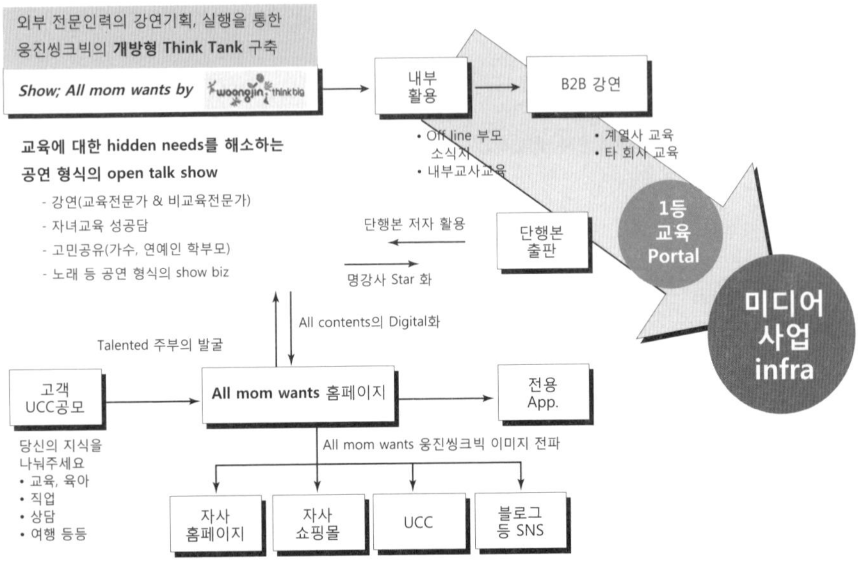

프로그램	연사 후보군
• 11:10 ~ 11:30 <1부> 오프닝 공연 & 브런치 - 브런치와 공연을 즐기는 오프닝 타임 • 11:30 ~ 12:10 <2부> 강연 '우리 아이는 원래 천재다' - 자녀의 꿈과 잠재력을 깨울 수 있는 방법 • 12:10 ~ 13:00 <3부> 토크 콘서트 - 다양한 꿈을 이룬 자녀의 엄마들이 모여 펼치는 토크 콘서트 - 참가자들의 사전 질문을 기반으로 전문 사회자가 토크 진행 • 13:00 ~ 13:30 <4부> 애프터 토크 - 행사 후, 간단한 다과와 함께 연사와 자유로운 대화	• <1부> 오프닝 공연 - 1안 : 통기타 공연 (어머니의 향수 고취) - 2안 : 클래식 공연 (지적 소양 및 문화적 욕구 충족) - 3안 : '공부의 신' 밴드의 공연 • <2부> 강연 - 이지성 작가 ('우리 아이는 원래 천재다', '꿈꾸는 다락방', '여자라면 힐러리처럼' 등 다수) • <3부> 토크 콘서트 - 자녀의 꿈을 실현시킨 20~25살 자녀의 어머니 5인 1) 자녀를 국내 명문대에 보낸 어머니 2) 자녀를 해외 아이비리그에 보낸 어머니 3) 자녀를 이공계 명문대에 보낸 어머니 4) 자녀를 국가대표 체육선수로 키운 어머니 5) 자녀를 한국예술종합학교 / 해외 디자인 스쿨로 보낸 어머니

〈그림 Ⅱ-37〉 이노홀릭(콩) 우수 사례 2: 막&과이 콩

*** 막&과이 콩: "학교시험 종결 서비스". 교육사업 새로운 비즈니스 모델 발굴**

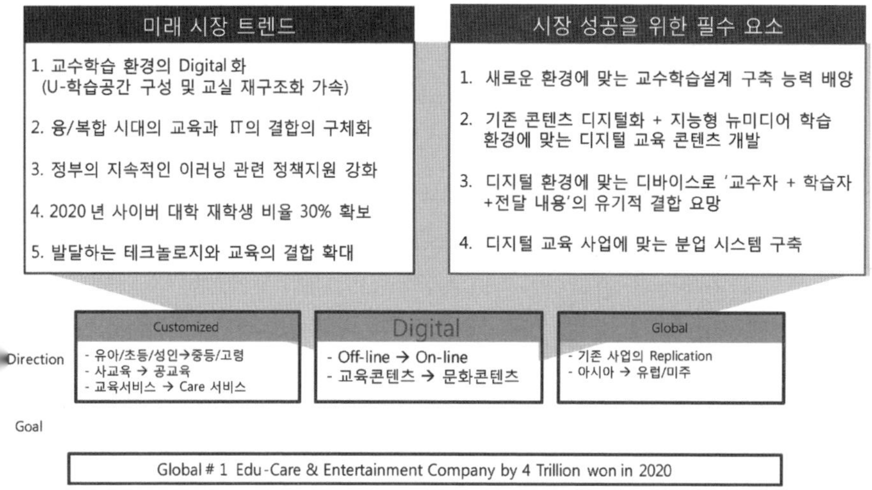

(2) 브라보(Bravo)

글로벌 체험제도인 브라보는, 글로벌 인재를 양성하고 해외 시장 진출의 가능성을 높이기 위해 분기별로 지원 신청을 받아 최대 30일 동안 글로벌 체험의 기회를 제공하는 벤치마킹 프로그램이다. 브라보(BRAVO)는 'Broad Network(다양한 관계와 관심사)', 'Raise Sensitive(지속적 성장에 민감)', 'Adaptable(새로운 것에 대한 적응력)', 'Voice(적극적 의사표현)', 'Oriented to fun(즐거움을 중시)'의 약자이다.

선발 기준은 A4 한 장 분량으로 개인의 글로벌 체험 도전기(계획서)를 작성한 후에 이를 대표이사가 심사하여 최종 확정한다. 1인당 최대 1,000만 원까지 지원이 가능하다. 2011년 현재 총 6기가 진행되었고, 289명이 지원하여 9명에게 혜택이 주어졌다. 지금까지 방문한 국가는 미국(2명), 일본(2명), 남아프리카, 이집트, 터키, 유럽, 캐나다, 호주, 그리고 뉴질랜드이다(월간인사관리, 2011)

이는 외국에 홀로 가서 본인이 하고 싶은 일을 체험하는 것으로, 보고서를 낼 필요도 없으며, 단지 본인이 많은 것을 느끼고 돌아오도록 한다. 사막

에 가서 별을 보고 오겠다고 신청하여 다녀온 사람도 있고, SNS 100개 국가 사람들을 만나고 리포팅하겠다는 목표를 가지고 다녀온 사람도 있다. 락밴드 공연을 보기 위해 독일에서 락 페스티벌에 참가한 사람도 있고, 아프리카에서 선교활동과 함께 번지점프를 체험하고 온 사람도 있으며, 일본에서 놀이공원 문화를 체험하고 온 직원도 있다. 스스로 아젠다(agenda)를 만들어서 하고 싶은 것을 찾도록 유도한다.

국내 기업 중 현대카드도 비슷한 제도를 가지고 있는데, 현대카드에서는 4명이 한 팀으로 일주일간 다녀온다면, 웅진씽크빅에서는 한 명이 한 달간 다녀온다는 차이점이 있다. 이는 창조적 인간이 되려면 혼자만의 집요한 몰입의 시간이 필요하다는 CEO의 철학에서 나온 것이다. 브라보를 체험한 직원들은 큰 성취감을 가지고 돌아오게 되었으며, 회사 충성도가 높아짐은 물론 일을 바라보는 시각도 달라짐을 경험하게 되었다.

(3) 이노밸리(Inno-valley)

사내 벤처 제도인 이노밸리는 직원들이 제시한 사업 아이디어에 대해 조기 사업운영자금과 인력, 시스템을 통합 지원하는 신규사업개발제도이다. 특히 웅진씽크빅이 최근 주부 커뮤니티를 눈여겨보고 있는데, 주부 대상의 소셜 커머스(social commerce) 사업이 여기에서 탄생하기도 했다. 이 사업의 이름은 "Family CEO"이며 주부고객을 위한 one-day mall이다. 2010년 8월에 출시하게 되었다. 또한 아이디어 채택 단계에서는 불책되었다가 1년 후 제품화된 경우도 있다. 집에서 아빠가 아이에게 동화책을 읽어주는 것의 필요성을 인식하여 기계에 아빠 음성이 나오며 동화를 읽어주는 아이디어 제품이 2011년 '스토리빔'이라는 상품으로 출시되었다.

웅진씽크빅 인트라넷에 "이노밸리 Seed idea 공모"란이 있어 언제든지 아이디어를 낼 수 있게끔 하고 있다. 웅진씽크빅은 이노밸리 아이디어당 10억 원까지 투자하겠다는 지원을 아끼지 않으며 아이디어가 사업화되기 위한 노력을 기울이고 있다. 특히 이노홀릭과 브라보, 상상오션 등의 기존 활동을 통해 키워진 아이디어가 이노밸리로 탄생할 것으로 기대하고 있다.

브라보 여행기

#1 "브라보, 별 볼 일 있는 버킷 리스트를 부탁해"

"중학교 2학년 국어 시간에 '죽기 전에 하고 싶은 일'을 적으라고 했을 때, 언젠가는 사막에 누워 별을 봐야지, 죽기 전에 개기 일식은 꼭 한번 보고 싶다, 그런 생각을 했던 것 같다. 꼭 보고 싶은 천문학 이벤트 버킷 리스트를 만들었다. 유성우에 소원 빌기, 맨눈으로 혜성 보기, 개기일식과 금환식과 개기월식 관측, 남반구에 가서 남십자성 보기, 핀란드에서 오로라 보기, 러시아의 백야 체험, 사막에서 별 보기, UFO 관측 등등. 그때부터 지금까지 하늘의 도움을 받아서 하나씩 이루어 왔다.

…… 브라보 지원 공지가 떴을 때, 남은 버킷 리스트를 헤아렸다. 이번에는 사막에서 별을 보고 싶다고 생각했고, 브라보 지원으로 묵은 소원을 이뤘다.

카이로에서 룩소르까지 기차로 12시간이 걸린다. 사막에서 별을 보겠다는 이유 하나로 카이로에서 룩소스를 서쪽 사막을 질러 횡단했다. 사막 한 자락 없는 한반도에서 태어나 평생을 도시에서 자란 사람에게는 무모한 도전이었다. 무식하면 용감하다고, 결국 평생 잊지 못할 사막에서의 다섯 밤을 얻었다.

지금도 눈을 감으면 별이 쏟아져 내릴 것만 같다. 해가 지면 머리 위로 갑자기 밝은 별 하나가 나타난다. 목성이다. 겨울철이라 북두칠성은 아직 뜨지 않았다. 카시오페이아를 따라 북극성을 찾아냈다. 한국에서 보던 것보다 약간은 아래쪽에 있다. 점점 봄철과 가을철 별자리가 서쪽으로 기운다. 동쪽 지평선을 노려보며 오리온 자리를 기다린다. 오리온 자리는 책에서 오리온이 곤봉을 들고, 허리에 단검을 차고, 사냥감—토끼자리를 쫓고 있는 그림으로 나온다. 하지만 한 번도 곤봉도 단검도 토끼자리도 맨눈으로 본 적은 없었다. 사막의 밤에 뜬 오리온 자리는 곤봉을 금방 휘두를 것 같은 모습으로 토끼를 쫓고 있었다. 그 뒤로 사냥개들—큰개자리와 작은개 자리가 떠오른다. 밤하늘에서 가장 밝은 별 시리우스가 새파랗게 빛난다. 오리온의 머리 위로 황소자리가 커다랗게 V자를 그리고, 플레이아데스 성단이 옹기종기 모여 있다. 그 너머로 은하수가 하늘을 가로질러 흐른다.

사막 위에 침낭을 깔고 누웠다. 텐트도 아무 것도 없이, 밤하늘 아래 비박을 했다. 코가 시리도록 차가운 사막 밤의 추위를 견디며, 밤새 별을 봤다. 깜빡 잠이 들었다 눈을 뜨면 별똥별이 지나갔다. 나중에는 생각해 놓은 소원이 모자랄 정도였다. 사막에서 보낸 5일은 낭만적이지만은 않았다. 인디아나 존스의 모험도 없었다. 잠자리는 불편하고, 샤워는 커녕 화장실도 제대로 가지 못했다. 하지만 매일 밤 보았던 수많은 별을 생각하면, 그 정도 고생은 사서 할만했던 것 같다.

브라보 활동에 별 볼일 있는 일만 있었던 것은 아니었다. 이집트의 긴 역사가 남긴 유산을 찾아 욕심껏 돌아다녔다. 이집트 하면 가장 먼저 떠오르는 기자의 피라미드 안에 들어가보고, 스핑크스와 사진도 찍었다.

이집트 박물관에서는 시간가는 줄도 모르고 유물 구경에 푹 빠졌다. 칼엘칼리리 시장통에서 길도 잃어 보았다. 룩소르에서는 신왕국 시대의 유적을 둘러봤다. 거대한 기둥이 압도적인 카르나크 신전, 투탕카멘의 저주가 생각나던 왕가의 계곡, 사각 신전의 원형인 하트셉수트 여왕의 멋진 장례 신전 등등. 아스완 댐과 아부심벨 신전을 보고 아스완에서 룩소르로 돌아오는 길에는 고대 이집트의 돛단배 펠루카도 타 보았다.

다시 카이로로 돌아가 한숨 돌린 뒤에는 홍해로 향했다. 수에즈 운하를 지나 시나이 반도에 도착해 모세가 십계를 받은 시나이 산에 올랐다. 다이버의 천국, 다합에 가서 다이빙도 했다.

이집트에 머무는 20일 동안에 내가 할 수 있는 것들, 볼 수 있는 것들을 모두 체험하고 오려고 노력했다. 그래도 아쉬움이 남는다.

브라보 4기로 선정된 뒤에 모두 한결 같은 질문을 했다. 어떻게, 무엇을 한다고 했길래 뽑힌 것이냐고. 그때마다 대답하기가 난감했다. 사실 특별한 무엇이 있었다고 생각하지는 않았다. 단지 사막에서 별을 보고 싶다는 아주 오래된 바람을 적어냈을 뿐이다."

#2. 뉴욕, 4시간 21분, 42.195km

"웅진 씽크빅은 뉴욕마라톤 대회 참가라는 내 꿈을 이루어주었고, 나는 약속대로 뉴욕의 중심에서 전 세계인과 함께 달리며 웅진씽크빅을 외쳤다. 간절히 바라면 이루어진다는 것을 확인시켜준 브라보 여행에 다시 한번 감사를 드리며, 나보다 더 큰 꿈을 가진 많은 식구들의 도전이 이어졌으면 좋겠다. 나의 마라톤 도전은 앞으로도 계속될 것이다."

#3. 13살, 작은 소년에게 들려온 '꿈'

“브라보 신청서에 쓴 여섯 줄(딱 기타줄만큼 썼다)로 유럽을 가게 될 줄은 꿈에도 몰랐다. 하지만 그 꿈을 이루었고, 이제는 또 다른 꿈이 생겼다. 브라보는 단지 묵혀둔 소원만을 들어주는 것이 아니었다. 브라보를 통해 새로운 희망과 꿈이 생겼기 때문이다.”

#4. 일본 7개 도시, 실버 문화 체험기

“일본 실버 문화체험을 다니면서 정말 다양한 곳에서 다양한 많은 사람들을 만났습니다. 만남과 이별, 스치듯 지나가는 인연 속에서 일본의 실버문화는 저절로 생겨난 것이 아니고 배려와 이해라는 화두 속에 철저한 준비와 세밀함이 만들어낸 장인정신이었다는 것을 배울 수 있었습니다.

브라보를 떠날 때의 생각은 ‘휴식과 충전’이었지만, 체험을 마치고 돌아온 지금은 내가 만들어가야 할 미래의 꿈을 다시 그려볼 수 있었던 ‘긍정의 도전’이었다고 생각합니다.”

#5. 맨하튼에서의 30일, 세계인과 소통하고 친구가 되다

"'소셜 네트워크 서비스', '스마트폰', '맨하튼', 이 세 개의 단어는 제 브라보 여행의 키워드입니다. 미국 최대의 도시, 상업 · 금융 · 무역 · 문화 · 예술의 중심 도시 맨하튼에서 'SNS기반 세계인 인터뷰'를 하겠다는 여행 주제로 브라보 2기 참여자로 선발되었고, 연고 없는 도시에서 바쁘고 깍쟁이인 뉴요커들을 과연 몇 명이나 만나고 올까 하는 걱정을 하며 떠났음을 이제사 고백합니다. 하지만 도착한 후, 날이 지날수록, 맨하튼을 알아갈수록, 그 걱정은 점점 밝은 자신감으로 바뀌었습니다.

자기 분야에서 당당하게 자신의 삶을 가꾸고 있는 뉴요커들과 '오늘날의 소통'을 체험하고, 그들로부터 '브라보여행'에 대한 부러움을 샀던 맨하튼 여행 잘 마치고 돌아왔습니다. BRAVO! FOREVER!"

〈그림 Ⅱ-38〉 이노밸리 개요

이노밸리(Inno-Valley) 개요

✓ **추진 목표**
- 3년 內 10개 사내벤처 론칭
  (2010년 최소 1개 론칭)

✓ **투자 규모**
- 3년간 총 100억
  (개당 10억 규모 창업자금 지원)

✓ **심사 방식**
- 심사 방식: 단계별 심사진행

✓ **기대 효과**
- 향후 30년 위한 창조기업의 기틀 마련

〈그림 Ⅱ-39〉 이노밸리 프로세스 및 론칭 사업

〈그림 Ⅱ-40〉 2010년 8월 이노밸리 1호 후기

설마, 내가 내 사업을 회사에서 할 줄이야 ......
상상만 했던 일이 일어납니다. 흰 도화지에 그림 그리듯,
머릿속 사업의 나래를 진짜로 그려 볼 수 있게 되었습니다.

설마, 내가 원하던 그 도메인을 미국의 엘리자베스 아줌마가 내게 팔 줄이야 ......
찌릿 찌릿하는 서비스 명을 찾아냈습니다. 아...... 그런데 미국의 엘리자베스 아줌마가 2004년부터 애지중지 사용하는 그 도메인...... 진심이면 통한다는 생각으로 구구절절 써 내려간 이메일에 원하는 답변을 줄줄이야...... 꺄호~ 가슴이 두근두근

설마, 100억을 기대할 줄이야......
대표님이 말씀하십니다. 100억 정도는 벌어야 제대로 된 성공 아니냐며...... 한편으론 부담스럽지만
또 한편으론 더 큰 꿈을 꾸게 됩니다.

3) 연간 혁신 활동 참여 시간

지금까지의 혁신활동들을 웅진씽크빅 구성원 모두가 실제로 잘 참여하고 있는지를 알아보면 더 놀라운 사실을 발견할 수 있다. 연 2회의 혁신과제는 총 40시간, 상상오션은 71시간, 행가래는 약 107시간, 이노홀릭은 약 128시간, 5S활동과 이노페스티벌은 각각 4시간과 8시간 정도의 비중으로 참여하고 있다. 즉 2010년도를 기준으로 근로시간의 20% 이상을 혁신에 매진한 셈이 된다. 특히 상상오션과 이노홀릭은 전 구성원들의 100% 참여율을 자랑하고 있다.

〈그림 Ⅱ-41〉 웅진씽크빅 구성원들이 참여하는 혁신활동들

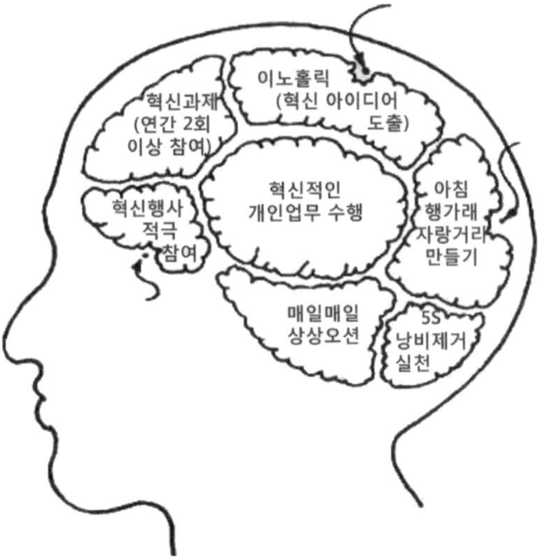

〈그림 Ⅱ-42〉 연간 개인별 혁신 참여 비중

연간 개인별 혁신 참여 비중	
- 혁신과제 과제당 20시간 (연2회)	40 시간
- 상상오션 30분 * 213일(매일)	71 시간
- 행가래 20분 * 213일(매일)	106.5 시간
- 이노홀릭 2.5시간 * 51주 (주1회)	127.5 시간
- 5S 활동 회당 2시간 (연 2회)	4 시간
- 이노페스티벌 (1일)	8 시간
Total	**357 시간**
2010년 근로시간 (1,704시간)의 20% 이상을 혁신에 매진	

〈그림 Ⅱ-43〉 혁신활동 참여율

참여율	혁신과제	상상오션	이노홀릭
	80%	100%	100%

5 혁신 인프라 체계

1) 혁신 통합 시스템 IIS

혁신활동 진행사항 점검과 소통의 활성화를 위해 기존에 운영하던 본부 혁신과제 사이트와 상상오션 사이트의 혁신정보를 통합 제공하는 웹기반 시스템 IIS(innovation information system)을 구축하였다. IIS는 혁신 일정, 혁신 성과 등 모든 혁신활동에 관한 종합 정보를 제공할 뿐만 아니라 혁신활동 신호등 체계를 통해 혁신활동을 전체적으로 점검할 수 있도록 하였다. 즉 본부 혁신과제, 이노오션 과제, 상상오션 모니터링 정보를 실시간 제시하고 신호등 방식으로 이슈를 가시화한다. IIS를 통해 경영진, 관리자, 직원 사이에 혁신에 관한 소통이 더욱 원활하게 이루어지고 있다.

IIS 중 특징적인 부분은 혁신 소통(칭찬, 격려) 코너이다. 혁신 과제를 잘 수행하는 조직이나 개인에게는 칭찬하기 버튼을, 지연되고 있으면 격려하기 버튼을 누를 수 있다. 여기에는 바로 CEO에게 보낼 수 있는 장치도 마련되어 있다. IIS를 통해 자신이나 주변에 혁신 성과가 뛰어난 사람이 있으면 CEO에게 바로 내용을 보내 자랑할 수 있다. 직속상사를 건너뛰어 아이디어를 제안할 수 있도록 하였는데, 이는 경영진과 직원들 간의 자유로운 소통문화를 만들고 신속한 의사결정을 진행하기 위함이다(신수정 · 김도균, 2010).

〈그림 Ⅱ-44〉 혁신통합시스템 IIS

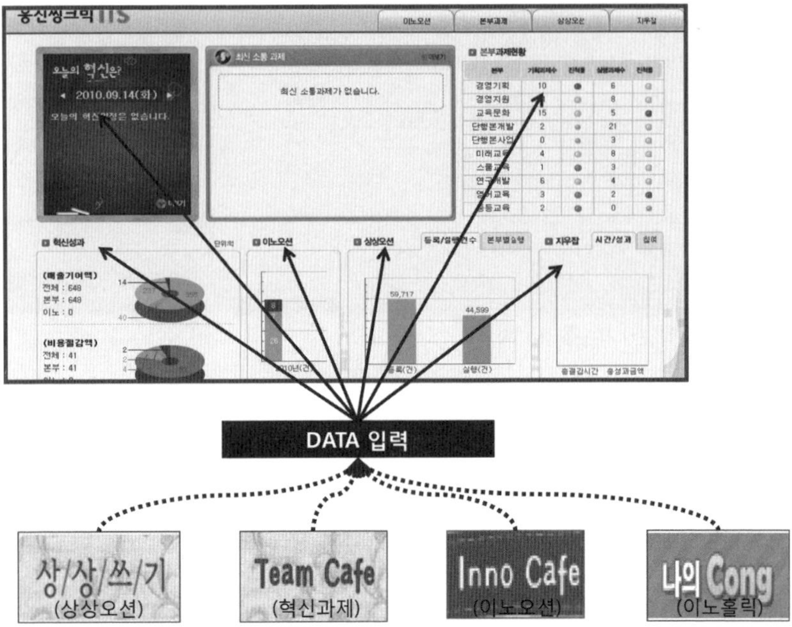

2) 이노액션 시스템

이노액션 시스템은 2008년 5월에 구축한 온라인 커뮤니티로서, 직원들 간의 정보 공유, 경영진과의 소통, 혁신과제 과정 관리에 따른 점수 현황 등을 제공한다. 혁신과 관련한 모든 활동을 한 곳에서 처리할 수 있도록 지원하고 있는 것이다. 또한 혁신과제 활동과 관련된 각종 정보, 리스트를 축적하여 혁신 데이터를 체계적으로 관리하는 역할도 하고 있다. 이러한 직원들의 내부 인트라넷 시스템에는 혁신과 관련된 세 가지 시스템, '상상오션', '이노액션', '이노홀릭' 란이 있고, '이노액션' 란에는 본부혁신과제와 이노오션에 관련한 정보가 포함되어 있다.

〈그림 Ⅱ-45〉 이노액션 과정관리

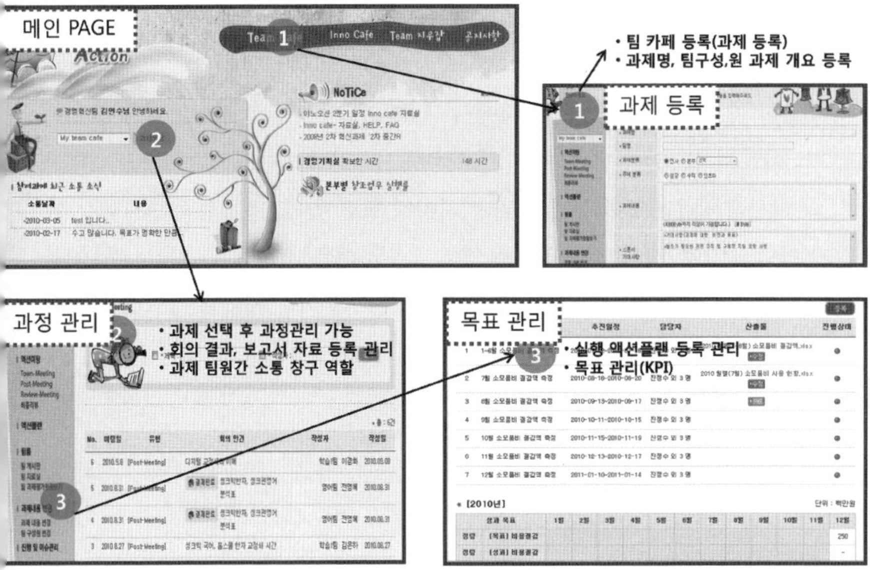

Copyright © 2008 by 웅진씽크빅

6 혁신역량 강화 교육

임직원의 혁신역량 강화를 위해 외부 전문기관과 연계하여 혁신교육과 국내외 벤치마킹 등의 프로그램을 시행하여 지속적인 혁신실행을 유도하고 있다. 2010년부터는 전 직원의 상시 혁신역량 강화를 위해 인재개발팀에서 전사 혁신교육을 담당한다.

1) W-TPS 교육

웅진 그룹이 주관하는 그룹 공통 교육으로, 2008년 하반기에 시작되었다. 도요타의 TPS를 벤치마킹 한 프로그램이다. 그룹 전체의 전략을 각 사에 전파하는 목적으로, 파워팀장과 CA, FT 전원을 대상으로 W-TPS 실행 스킬과

툴을 습득하기 위한 W-TPS 교육을 격월로 실시하고 있다. 2008년과 2009년에 W-TPS 기본교육, PM 기본과정, W-TPS 혁신리더 과정, FT 양성과정 등의 교육을 시행하였다.

또한 매 회 주제에 맞춰 각 사에서 대표적인 혁신사례, 자랑거리를 공유한다. 따라서 웅진계열 회사끼리 서로간 벤치마킹이 가능해진다. 다른 계열사의 혁신을 배우기도 하고 글로벌 벤치마킹 또한 함께 진행된다. 연말에는 페스티벌 식으로 신기 자랑대회를 열어 우수사례를 자랑한다. 여기서도 역시 자랑을 강조하는 문화를 엿볼 수 있으며, 노력에 따른 성과를 당연히 자랑하고 칭찬해야 한다는 대표님의 철학이 담겨 있다.

2) 웅진씽크빅 사내 교육

(1) 혁신 전문가 교육

① 2006~2010년 초

핵심 전문가 양성과 확장에 초점을 둔 시기로서, GE의 워크아웃과 타운미팅을 벤치마킹하여, FT와 CA 교육이 중점적으로 이루어졌다. 2006~2008년까지는 한 팀 당 한두 명의 FT를 지정하였다. 이렇게 혁신역량 강화를 위해 혁신과제를 진행하는 FT를 대상으로 기초과정, 중급과정, 고급과정 등 단계별로 나누어 교육을 시행하였다. 기초과정은 FT 양성과정, 벤치마킹, 논리적 문서작성법, 중급과정은 프로세스 혁신, 변화관리, 커뮤니케이션 스킬, PT 기법, 고급과정은 프로젝트 매니지먼트 과정, 사내강사 양성과정 등의 온 · 오프라인 교육으로 구성되어 있다.

현재 52명의 FT가 있으며, 이 FT들은 각 조직별 혁신활동과 과제들을 이끌고 지원하고, 기본적 마인드나 전략, 스킬을 전파했다. FT가 없는 부서에는 본부별 한 명씩 CA를 두어 해당 조직의 전략을 실행하였다.

2009년에는 이노오션 위주로 교육이 진행되었다. 이노오션 교육은 기존의 교육에 더하여 재무 등의 추가 교육이 더해졌다. 그 외의 신입사원들에게는 별도의 혁신 교육이 진행되었다.

② 2010년 이후

어느 정도 혁신 교육이 진전된 이 시기에는 전사적으로, '배움마루'라는 이름으로 이전과는 조금 다른 방식으로 교육이 진행되기 시작한다. 즉, 각 분야별로 필요한 역량을 가진 사람들을 '사내교수화'시켜서 각 직원들이 직접 교육을 담당하고 있다.

림 Ⅱ-46〉 혁신 전문가 및 이노오션 교육

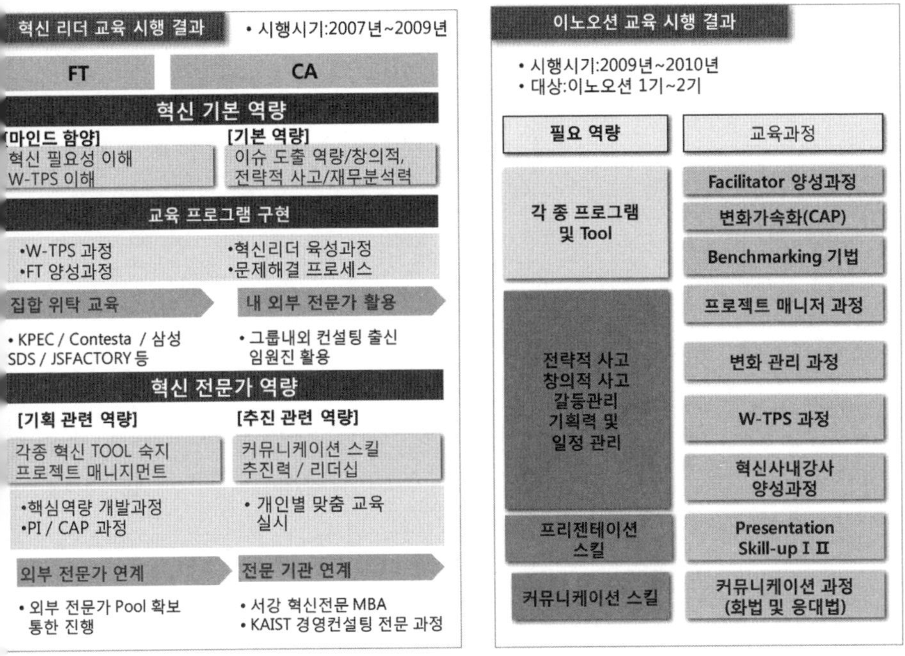

GE의 워크아웃과 타운미팅

GE의 워크아웃은 잭 웰치가 관료주의를 타파하고 의사결정 프로세스를 개선하면서 직원들의 의식변화를 위해 개발했다. 워크아웃은 개선해야 할 주제를 정하고, 관련된 사람들이 함께 모여 열린 토의를 하며, 구체적이고 효과적인 개선안을 찾아 그것을 상사에게 프리젠테이션하여 즉석에서 결정한 뒤 실행에 옮기는 집단 문제해결을 통한 즉결식 회의 방식이다. 워크아웃은 GE 직원들의 생각과 일하는 방식을 근본적으로 바꾸어, 기업의 비전과 가치관을 조직 전체가 공유하는 조직 문화를 구축하게 했으며, GE를 비관료적이고 벽이 없는 조직으로 재구축하는 데 성공하여 세계 최고의 경쟁력을 가지는 강한 조직 문화를 만들었다.

워크아웃이 추구하는 목표는 크게 세 가지이다. 첫째, 모든 구성원들이 주인의식과 열정을 가지고 참여하는 조직 문화를 구축하여 관료주의를 제거하고 조직 간의 장벽을 허무는 것이다. 그래서 조직의 비전과 목표, 가치관을 구성원과 함께 공유하고, 개인의 창의력과 아이디어를 존중하고 이끌어내는 새로운 기업문화를 창출하는 것이다.

둘째, 모든 사람들의 두뇌와 아이디어를 활용하는 지식경영을 추구하는 것으로, 구성원들의 창조적 잠재능력과 아이디어를 발굴하여 그것들을 창조적으로 실행하는 데 모든 역점을 집중한다. 이를 위해서는 열린 마음과 문화가 필요한데, 최고의 아이디어는 직위나 부서에 상관없이 적극적으로 도입해야 하며, 외부에서 발굴된 아이디어라도 그것이 최고의 것이라면 신속하게 도입하고 실행할 수 있는 기업 문화를 가져야 한다.

셋째, 새로운 지식과 아이디어를 조직 전체가 신속하게 공유할 수 있는 열린 학습문화를 구축하는 것이다. 훌륭한 노하우나 아이디어를 타 부서와 신속하게 공유하는 것을 높게 평가하고 적절한 보상을 해주어야 한다.

워크아웃에서는 체계적인 문제해결 접근방식과 전문적인 퍼실리테이터,

그리고 문제해결 도구를 이용하여 팀이나 조직이 효율적인 솔루션을 찾고 업무를 성공적으로 완수하도록 한다. 또한 상호 유기적으로 연결되는 팀을 만들고 새로운 기업 문화를 만들어 누구나 문제나 이슈를 제기하고 해결책을 찾도록 하여, 부서나 조직 간의 장벽을 없애는 효과를 준다.

워크아웃의 철학은 3S로 표현되는 Speed(속도), Simplicity(단순성), Self-confidence(자신감) 실현에 있다. 낭비, 그리고 구성원 사이의 장벽을 없애고 프로세스적인 사고를 하며, 권한을 부여해 신속한 의사결정을 유도하고 고객 만족을 실천한다.

워크아웃을 실행하는 활동은 타운 미팅 방식으로 진행하며, 타운 미팅 진행 프로세스에 따라 문제해결 도구를 활용하여 즉각적으로 의사결정을 한다.

기업에서 워크아웃을 도입하여 전개하는 과정은 크게 5가지 종류로 구분되는데, 단일 조직이나 팀의 단순한 문제를 해결하는 이슈 워크아웃, 조직이나 부문 간 프로세스 상의 문제를 해결하는 프로세스 워크아웃, 1개월 이내 기간 동안 현장의 단기적인 문제나 주제를 소수의 참가자가 진행하는 액션 워크아웃, 공급자가 참여하는 공급자 워크아웃, 그리고 고객이 함께 참여하는 고객 워크아웃이 있다.

기업이 워크아웃을 도입하여 정착되기 전까지는 앞의 세 가지인 이슈, 프로세스, 액션 워크아웃 위주로 진행하고, 어느 정도 워크아웃의 방법과 스킬이 정착되면 공급자와 고객 워크아웃을 진행한다.

워크아웃을 기업의 변화와 혁신을 위해 전개하는 경우에는 3단계로 구분된다. 1단계는, 실천 활동 위주로 불필요한 업무를 없애고, 소속원들의 자신감을 구축하는 것이다. 2단계는, 프로세스를 개선하는 것으로, 간단하고 신속히 문제를 해결하여 업무 성과를 향상시킨다. 3단계는, 기업문화를 변혁하는 것으로, 가장 생산성이 높고 경쟁력이 강한 회사를 만든다.

워크아웃은 변화를 위한 그 다음 단계나 도구들을 실천하기 위한 기초가 된다. 예를 들어, 많은 회사들이 식스시그마를 도입하는데, 식스시그마의 효과를 극대화하려면 워크아웃이나 타운미팅을 함께 도입하는 것이 좋다. 많은 회사들이 오직 식스시그마만을 도입했을 경우 GE만큼 성과를 얻지 못하고 있다. GE는 이 모든 것들을 동시에 활용하고 있는 것이다.

• 타운미팅 실행 프로세스

타운미팅은 워크아웃의 문제나 이슈를 해결하기 위한 구체적인 토론 방법이다. 이는 여러 사람이 모여 창의적인 아이디어와 해결방안을 찾는 미팅 방식으로 진행한다. 효과적인 타운미팅이 되기 위해서는 미팅을 효율적으로 진행시키기 위한 전문 과정을 거친 퍼실리테이터가 필요하며, 열린 커뮤니케이션과 자유로운 의견 · 아이디어의 개진을 통해 서로 협력하여 몇 가지 해결방안을 도출한다.

마련된 해결안들을 스폰서(경영진이나 상사)에게 프리젠테이션하고, 그 자리에서 상사는 채택여부를 공개적으로 결정한다. 그런 다음 담당자와 책임자를 선정하고 적절한 권한과 책임을 주어 실행에 옮긴다. 타운미팅을 진행하는 프로세스는 12단계로 나뉜다.

① 주제나 이슈를 제기

② 관계된 참가자를 선정

③ 타운미팅 준비

④ 타운미팅 시작. 스폰서가 참여하여 미팅 목적과 기대사항을 설명

⑤ 참가자들이 주제나 이슈를 놓고 2,3일 과정의 미팅 진행

⑥ 문제와 원인 파악

⑦ 주요 원인을 제거할 수 있는 다양한 해결방안과 구체적인 실행 계획 도출

⑧ 스폰서가 참여하여 프리젠테이션 실시

⑨ 스폰서는 그 자리에서 채택 여부를 결정

⑩ 채택된 해결안을 실행할 구체적인 계획과 담당자 선정

⑪ 실행 상황을 관리하고 보고

⑫ 최종 결과를 참가자들에게 피드백

이러한 12단계는 크게 4가지로 구분된다. 1~3단계는 사전 미팅(pre-meeting), 4~7단계는 타운 미팅(town meeting), 8~10단계는 타운 홀 미팅

(town hall meeting), 그리고 11~12단계를 사후 미팅(post meeting)이라 부른다. 간혹 타운 홀 미팅을 타운 미팅에 포함하기도 한다.

타운미팅은 사람들의 역할에 따라 크게 4가지로 구분되는데, 각각은 다음의 역할을 한다.

① 스폰서: 선정된 주제에 대한 최종 의사결정권자이며, 타운미팅이 성공적으로 수행되도록 적극적으로 지원하고, 미팅의 목표와 기대사항을 팀원에게 알리며, 타운 홀 미팅에서 제안의 채택여부를 결정한다.

② 팀 리더: 타운미팅을 진행하며 팀 활동을 조정하고 각 단계가 원활히 진행되도록 이끈다. 스폰서와 커뮤니케이션을 하며 워크아웃 주관 부서나 팀과 협의하고 진행상황이나 결과를 보고한다.

③ 팀원: 미팅에 참여하여 아이디어를 제안하고 다른 사람들과 협력하여 최선의 결과(해결방안)를 찾는다.

④ 퍼실리테이터: 의사결정에는 참여하지 않고 중립적 입장에서 미팅 활동을 촉진하고 지원한다. 참가자들에게 워크아웃 타운 미팅의 기본 교육을 실시하고, 문제해결 프로세스와 도구의 사용법을 알려준다. 필요한 경우에는 적절히 개입하여 조언을 하고 적절한 피드백을 제공한 다음 적절한 질문을 던져 참가자들이 배우는 기회를 갖도록 유도한다. 프로세스에 초점을 맞추고 적절한 시기마다 요점을 알기 쉽게 정리해준다. 워크아웃 타운 미팅을 도입하는 초기에는 외부전문가가 이 역할을 맡으며 내부 퍼실리테이터를 양성한다. 회사에서는 사내 퍼실리테이터를 '변화의 주도자'라고 부른다.

GE는 워크아웃과 타운미팅을 통해 다음과 같은 주제들을 개선하거나 해결했다. 이는 고객 주문 프로세스 단축 및 개선 방안, 조직의 재구축과 재설계, 재고 감축 방안, 고객 서비스 개선 및 고객 불만 감소 방안, 판매 사이클 단축방안, 납기 단축방안, 계약관리 효율화 촉진방안, 종업원 만족 개선안, 부서 이기주의 타파방안, 커뮤니케이션 활성화방안, 그리고 회계 프로세스 개선방안 등이다.

워크아웃과 타운미팅이 간혹 실패로 끝나는 경우도 있는데, 여기에는 몇 가지 이유가 있다. 우선 너무 사소하거나 단순한 주제를 산정하거나 부적합한 참가자의 참여를 들 수 있겠다. 또한 전문적인 퍼실리테이터를 활용하지 않거나, 경험이나 역량이 부족한 퍼실리테이터를 활용할 경우에도 실패로 끝날 수 있다. 스폰서가 무관심하거나 채택여부를 결정하지 못하거나, 스폰서가 팀원에게 적절한 권한을 부여하지 않는 경우에도 좋지 않은 결과를 초래할 수 있다. 그리고 결론이나 실행 없이 제안만 하는 미팅은 피해야 하며 구체적인 실행계획이 없거나 실행 책임자를 선정하지 않는 경우도 실패가능성이 높다. 또한 사후관리가 매우 중요하기 때문에 사후관리를 소홀히 하지 말아야 한다.

2000년 잭 웰치가 GE를 은퇴한 시기까지 워크아웃 프로세스는 매일의 일상적인 실행으로 확산되었고, 오늘날 GE 사업이 관료주의 장애물을 만나거나 불확실한 시장 상황에 부딪힐 때면 '워크아웃을 합시다'라고 하는 것이 자연스러운 기업 문화로 자리잡았다. 모든 직원들은 워크아웃의 정신과 방법을 항상 생활화하여 자신은 물론 일하는 방법을 변화시키고 혁신하도록 훈련받았기에, 늘 새로운 변화를 추구하고 창의적인 아이디어를 발굴한다.

(심재우, 2006)

(2) 벤치마킹 교육

혁신역량 강화 프로그램의 일환으로 파워팀장과 본부장, CA, FT 등이 참가하여 국내외 혁신 우수기업에 벤치마킹을 실시하였다. 2007년과 2008년에는 각각 혁신경영, 고객만족활동, 기업문화, 고객관리, 교육철학, CMS 등의 우수기업을 대상으로 일본에서 벤치마킹을 시행하였으며 국내에서는 포스코, GE 등을 방문하였다.

〈그림 Ⅱ-47〉 해외벤치마킹 현황

구분	참가인원 (명)	소요비용 (만 원)	시행목적
2007	33	8,889	• 선진 혁신경영 및 CS 우수 업체 탐방 • 기업문화 비전 창출 및 충성고객관리 업체 탐방
2008	77	16,617	• 일본의 교육철학 및 교육 현황에 대한 이해 • 전사 CMS 구축 관련 혁신과제 활동 • 도요타 혁신사상 및 적용 사례 체득

〈그림 Ⅱ-48〉 2008년 해외벤치마킹

국가	시행일정	대상	목적
두바이	2008년 3월	혁신과제 보상팀	우수 혁신과제 보상 및 두바이 혁신을 통한 발상의 전환
일본 (도요타)	2008년 4월, 5월, 10월	혁신 전문가 FT 1기, 2기, 3기	도요타 경영/ 리츠칼튼, MK택시, NTT 도코모/ 아동관, 유치원 등 방문
싱가 포르	2008년 5월	혁신팀 10명	우수혁신팀 보상 및 교육의 허브 싱가포르 시사점 현업 적용
유럽	2008년 2월	스쿨본부 5명	혁신성과 포상/선진 교육 현업 적용
일본 (도요타)	2008년 6월	팀장, 본부장 전원	일본의 다양한 교육현장 방문 자사 적용안 모색

7 혁신 평가 및 보상

1) 혁신활동 성과평가

이노오션그룹 성과평가는 매 분기마다 발표회를 열어 3개월 동안 운영한 프로젝트에 대해 평가한다. 전사 팀장 이상의 관리자가 참석하여 '바이어(buyer)제도'를 통해 성과가 높을 것으로 판단되는 과제를 채택하여, 해당 팀이나 본부로 이관하여 실행하게 된다.

본부 혁신과제에 대한 평가는 과정평가 40%, 성과평가 60%의 가중치를 두어 이루어진다. 과정평가는 미팅 실시와 참석률, 성과평가는 과제 실행여부와 난이도, 지속성, 혁신성 등의 항목으로 평가한다.

상상오션 성과평가는 내부의 상상오션 전문 심사위원들이 직원들의 제안을 검토, 평가하는 방식으로 진행된다. 2010년부터는 혁신 형태별로 가중치를 다르게 하는 등 평가기준을 변경하여 적용하고 있다.

전체 성과평가 중 혁신활동이 차지하는 비중은, 초기에는 혁신에 대해 개인단위까지 KPI 평가를 하여 개인 5%, 조직 10%의 비중을 차지했다. 2010년에는 본부별로 실시하여 KPI에서 20%를 차지하였고, 팀과 개인 단위는 본부별로 자율적으로 진행되었다. 2011년도에는 본부는 25%의 비중을 두었고 이 중 20%는 성장전략 관련, 5%는 상시 일상 혁신 관련 사항이다. 해당조직 CA들에게는 30%의 비중을 부과한다. 2011년도에는 보다 본질적인 혁신에 초점을 두고 있다.

2) 혁신활동 보상

2010년까지는 혁신활동에서 우수한 성과를 올린 개인과 조직에게 현금, 벤치마킹 연수, 승진 가산점 등의 형태로 보상을 해주고 있다. 상반기에는 현금 보상, 하반기에는 해외 벤치마킹을 실시하고, 매년 연말에는 가장 우수한 성과를 거둔 개인과 조직을 선정하여 현금 시상 및 승진 가산점을 부여한

〈그림 Ⅱ-49〉 6대 사랑 배지

1단계		2단계		3단계	
1-1 (도전)	1-2(변화)	2-1(일)	2-2(조직)	3-1(고객)	3-2(사회)

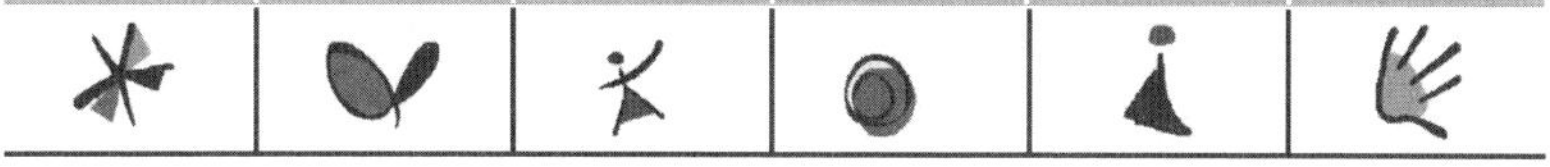

다. 상상오션의 경우, 직원들이 올린 각 제안에 대해서는 현금처럼 사용할 수 있는 마일리지를 지급한다.

혁신 연 시상에서는 조직과 개인 단위의 혁신상, 그리고 상상오션과 이노오션에 대해 상을 주고 승진 가점을 부여한다. 우선, 조직 단위로는 혁신경영최우수상 및 혁신경영우수상에는 별도의 시상금을 지급한다. 개인 단위로는 혁신 개인 대상, 금상, 은상 각 1명씩 선발하여 순위별 차등 있는 상금이 부여된다. 또한 승진 가점이 각각 5, 4, 3점씩 부여된다. 상상 개인 1위와 2위에게도 순위별 시상금과 승진가점 3점, 2점이 지급된다. 혁신이노오션상 역시 일정 상금과 승진가점 3점이 부여된다.

2011년부터 크게 달라진 점은, 상으로 배지를 지급하는 "6대 사랑 보상제도"의 등장이다. 기존의 시상금이나 꽃다발, 트로피 대신 배지로 시상하게 된다. 이는 연간 혁신 보상으로 웅진의 6대 사랑 상징 배지를 각 상징의 성격에 맞게 제공하는 것이다.

배지를 받은 씽크빅 식구들은 본인의 사원증 목걸이줄에 배지를 착용한다. 이를 통해 개인 혁신활동을 가시화시켜서 혁신활동 우수자 관리는 물론 혁신 활동과 성과의 히스토리를 관리할 수 있다. 6대 사랑 보상제도를 통해 혁신활동을 체계적으로 제시하여 계획적으로 혁신 도전 문화를 구축하고자 한다. 또한 여섯 가지의 배지를 다 모으면 브라보를 보내 주는데, 이를 통해 일회성 현금 시상이 아닌 브라보와의 연계를 통해 시상과 인재양성을 연결시킬 수 있다. 연간 한두 명의 6대 사랑 달성자를 선정하여 브라보 시상과 연계시키고 있다. 기존의 일회성 현금 시상을 대신하여 배지를 지급하는 이 제도는, 혁신 활동 외 CA, 사내교수, 해피메이커 등의 전사 기여 활동 단위까지 확대 반영하였다. 행복마당, 이노페스티벌을 통한 경영자의 배지 부착으로 명예로운 보상 방식이라는 평가를 받고 있다.

개인 배지 관리는 기본적으로 3년인데, 3년 단위의 배지 도전 프로젝트 운영으로 지속적인 혁신의 도전을 유도할 수 있다. 배지를 보고 상대방이 어떤 부분을 잘 하는지 알 수 있고, 혁신활동을 적극적으로 독려하는 효과가 있다.

또한 웅진씽크빅은 시상이 많은데, 시상마다 매번 낭비가 큰 꽃다발, 트로피 등을 없애고 배지로 대신함으로써 비용절감효과도 상당하다. 혁신활동에 관심 없던 사람들도 "다음달 시상 혁신활동은 뭔가요?"라고 수시로 질문하며 적극적으로 동참하고자 하는 사람들이 늘어났다. 또한 개인 활동만 잘 해서는 배지를 받기 어렵고, 팀 활동을 함께 해야만 배지를 모을 수 있도록 되어 있기 때문에, 자연스레 팀 활동도 활성화되고 참여를 이끌어내는 효과를 볼 수 있다. 그래서 직원들이 내 것뿐 아니라 남의 것까지 함께 고민하기 시작한 것이다.

이 아이디어는 상상오션에서 시작되어 계속 진화된 아이디어이며, 생각하는 능력이 뛰어난 씽크빅 직원들을 계속해서 실행으로 이끌어내기 위한 방안 중 하나로, 매우 큰 효과를 낳고 있다.

〈그림 Ⅱ-50〉 혁신 6대 사랑 조견표

구분	1단계		2단계		3단계	
	1-1 (도전)	1-2(변화)	2-1(일)	2-2(조직)	3-1(고객)	3-2(사회
상상오션	상상베스트 본선	[페]인기상, 상상베스트 3등	상상베스트 2등	상상베스트 1등	年 상상 개인2등	年 상상 개인1
이노홀릭	발표(최종)	[페]인기상	3등	2등	1등	
혁신과제& 혁신활동	우수혁신과제(추천)	[페]인기상	[페]혁신과제3등	[페]혁신과제2등	[페]혁신과제1등, 年 혁신개인2등	年 혁신 개인1 (1명이상)
이노오션	발표(은상)	[페]인기상, [페]이노오션 3등	발표(금상), [페]이노오션2등	발표(대상), [페]이노오션1등	年 이노오션 우수자(3명)	
이노밸리	응모				채택(사업화)	
그룹 /외부 시상 /기타		그룹활동 - 신기자랑대회 참여		그룹시상 - 신기자랑대회 우수상 외부시상 - 외부 공모전/ 정부시상	그룹시상 - 신기자랑대회 최우수상	

〈그림 Ⅱ-51〉 6대 사랑 배지 교환

✓ 배지 교환 조건

1. 동일 단계 교환 : 5개 → 1개
2. 상위 단계 교환 : 1단계 15개(1-1,1-2 합산 가능) → 2단계 1개 /

2단계 10개(2-1,2-2 합산 가능) → 3-1단계 1개

※ 3-2단계(사회)로의 배지 교환은 대상에서 제외함.

✓교환 시기 : 수시

〈그림 Ⅱ-52〉 6대 사랑 배지 운용 기간

✓ 3년간 운영하고 이후 배지는 zero base 운영함. 단, 개인 누적 시상은 유지.

☞ 1차 운영기간 : 2011년 ~ 2014년

2차 운영기간 : 2015년 ~ 2017년

단 조기에 6대 배지를 모두 확보한 개인은, 그 시점에서 zero base 운영

✓ 배지 획득 교환 이력은 웅진넷 통제 관리를 통함

(ex. IIS, EHR 혁신활동란 → 식구들에게 신뢰 제공)

8 기타 혁신 성공 사례

1) 전사 위기관리시스템 구축

빠른 경영환경의 변화와 복잡해지는 이해관계자와의 관계로 인해 위기관리의 중요성이 커지고 있다. 이에 따라 웅진씽크빅은 위기가 발생했을 시 신속하고 효과적으로 대응하기 위해 2008년 3월부터 9월까지 경영지원실이

주체가 되어 전사혁신과제 중 하나로 위기관리시스템 구축을 추진하였다.

위기관리를 '위기상황 발생시, 의사결정을 위한 인식기준 및 합의 절차를 만들어 교육문화 솔루션기업으로서의 이미지를 실추시키지 않고 내외부 고객에게 믿음과 신뢰를 주도록 하는 것'이라 정의하고, 지속가능경영 활동을 지원한다는 목표 아래, 다양한 활동을 전개하였다.

대표이사가 위원장인 위기관리위원회(비상시기구)와 위기관리센터(상시기구)를 구성하여 전사적인 위기관리체제를 구축하였고, 온라인 시스템과 급보체계(비상연락망)를 운영하여 체계적인 위기관리가 가능하도록 하였다. 또한 사고 발생부터 위기 대응까지 180분 내에 움직일 수 있는 전사적인 위기관리프로세스를 구축하고 경영(7), 인사(4), 노무 · 법무(9), 언론 · 홍보(6), 정보보안(8), 재해(4), 클레임(2), 사업부문(14)인 8개 분야, 54개의 핵심 위기관리항목을 선정하여, 각 본부별 담당자를 두어 지속적인 사전 및 사후 관리를 시행하도록 하였다.

아울러 각 위기 상황별 대처 요령을 담은 위기관리 매뉴얼을 제작 · 배포하고 위기관리교육을 위한 교안을 제작하여 교육에 활용하였다. 위기가 발생했을 때 상황별로 대응하는 요령을 만화로 제작하고 배포하는 등 홍보활동에도 주력하였고 위기 상황을 가장한 모의훈련도 시행하였다. 특히 2009년에는 신종플루 발생과 확산 방지를 위해 관련 내용을 주기적으로 공지하고 예방요령을 담은 홍보만화를 배포하였으며 체온측정, 세정제 비치, 환자발생 대응 등의 종합적인 대책을 마련해 시행함으로써 위기를 극복하였다.

전사 위기관리시스템 구축을 통해 직원들의 위기관리 인식을 한층 제고할 수 있었고, 철저한 사전예방은 물론 위기가 발생했을 때 신속하고 정확하게 대응하여 긴급 위기사안들에 대한 피해를 최소화할 수 있는 체계를 구축할 수 있었다.

2) 터치 프로세스 구축

교육문화사업본부는 2012년까지 학습지 업계에서 1위에 오른다는 비전을 실현하기 위해 휴회율을 줄이는 것이 시급하고 중요한 과제라고 판단하고,

2009년에 '빅人 추진팀'을 구성하여 '터치' 프로세스 구축을 본부 혁신과제로 추진하였다. 팀장과 교사 면담 프로세스인 터치는 교사의 역량을 키우고 현장의 실행력을 높여 결과적으로 휴회율을 낮추기 위한 방안으로, 2009년 6월부터 본격적인 시행에 들어갔다.

터치 프로세스는 교사와 팀장 사이의 면담과 그 내용에 대한 팀장, 지국장, 사업본부의 피드백인 순환의 구조로 진행된다. 우선 매주 2회 교사와 팀장이 한 주간의 활동 계획, 문제 회원 대응 방법, 교사의 목표와 비전 설계 등으로 구성되는 '터치타임'을 실행한다. 팀장은 교사와의 면담 내용을 업무사이트의 터치현황표에 기록한 후 실행여부를 관리한다. 지국장과 사업단장은 팀장이 등록한 터치 내용을 조회하여, 각각 주 1회, 월 1회씩 해당 내용에 대한 피드백을 등록한다. 지국장과 사업단장의 피드백 내용은 팀장을 통해 다시 교사에게 전달되는 순환의 구조로 터치 프로세스는 운영되고 있다.

터치프로세스를 시행한 이후 교사들의 고객상담과 대처능력이 향상되었고 회원을 보다 철저하게 관리하게 되었을 뿐 아니라 교사와 팀장 간의 유대관계도 좋아지게 되었다. 팀장의 경우 목표 달성 예측력이 높아졌고 교사의 문제를 미리 파악해서 대처할 수 있게 됨으로써 교사와 회원을 모두 아우르는 효과를 거두었다. 터치를 통해 서로 소통하고 신뢰함으로써 서로의 성장을 돕는 문화를 형성할 수 있었다.

휴회율은 터치를 시작한 2009년 6월부터 차츰 감소되기 시작하여, 하반기 월 평균 누적 휴회율이 0.7% 감소되어 연 평균 160억 원의 매출 증대 효과를 거두었다. 터치는 현장이 원하고 필요로 하는 핵심을 발견하여 꼼꼼하고 집요하게 실천함으로써 성공할 수 있었던 것이다.

9 중장기 혁신 전략 및 혁신 성과

1) 중장기 혁신 전략

중장기 사업 목표와의 일치를 위해 생존원가 달성, 신성장 동력 확보를 혁신의 목표로 삼고 있다. 특히 2011년도에는 신성장 동력 확보에 많은 노력을 쏟고 있다.

2) 혁신 경영 성과

2008년 혁신을 통해 매출의 6.5%인 506억 원, 영업이익의 19%인 125억을 창출하는 성과를 올렸으며, 2009년에는 매출의 9.9%에 해당하는 820억 원, 영업이익의 21.3%에 해당하는 183억 원을 혁신을 통해 달성하였다. 각

〈그림 Ⅱ-53〉 중장기 혁신 전략

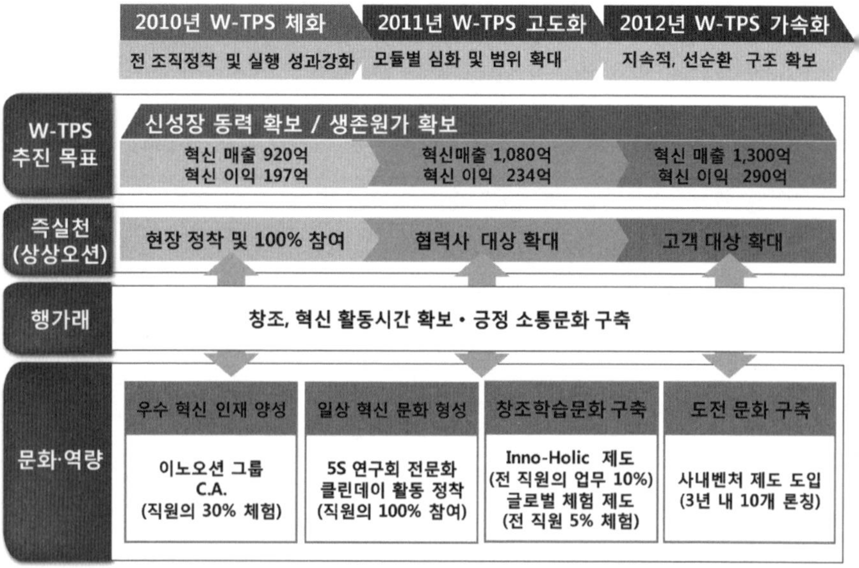

〈그림 Ⅱ-54〉 2008~2009년 혁신성과 비교

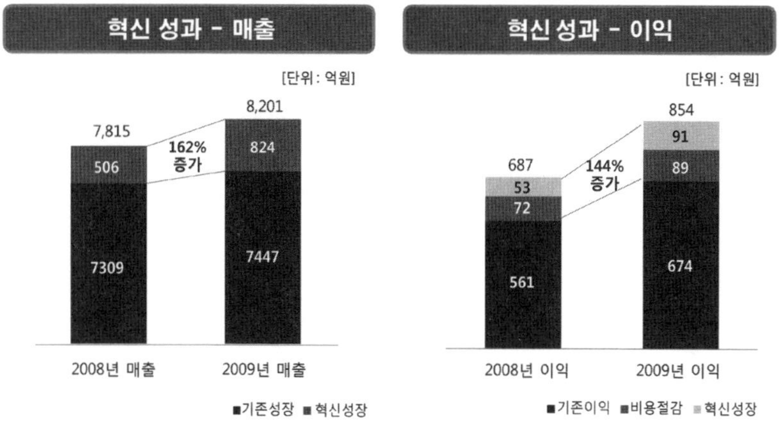

각 전년 대비 62%, 46% 증가한 실적이다.

여기에서 혁신 성과는 주로 혁신 과제를 통해 측정되었고, 비용절감 측면은 과소화된 측면이 있어 보수적 측정 방식이 사용되었다. 상상오션이나 5S는 개인의 평가 · 보상 측정의 일환으로 주로 사용되기 때문에 〈그림 Ⅱ-58〉의 혁신 성과에는 이러한 부분들은 드러나지 않았다. 혁신과제 기획시 KPI(평가대상)를 제출하고 과제 종료 시 성과를 측정한다. 인프라 SAP 시스템을 기준으로 성과를 측정하여 조직별 매출을 산출하고, 생산성, 업무시간 감소까지 관리한다. 현재 그림에 나타난 결과물은 애매한 것은 제외한, 혁신과제 활동 결과만 가지고 집계한 것으로, 집계는 분기와 반기에 이루어진다.

2008~2009년은 혁신과제 위주로 측정했는데, 2009년은 혁신 3종세트 등의 중장기 전략이 주를 이루었기 때문에 2010년 측정치에는 성과를 눈으로 바로 확인할 수 없는 부분들이 있었다.

제 III 장

웅진씽크빅의 인재개발

1 인사철학

웅진씽크빅 인사관리 철학의 중심은 '사람'이다. 이것은 '사람 또 사람 그리고 사랑! 그 놀라운 힘을 믿습니다'로 표현된다. 이러한 웅진의 인사철학은 또또사랑과 신기문화에 대한 재해석을 바탕으로 도출되었다. 사람 간의 사랑으로 신기문화를 형성하여, 모방할 수 없는 웅진의 차별적인 조직 경쟁력을 확보하겠다는 뜻이다. 회사의 역할은 개인이 신기를 발휘할 수 있는 환경을 조성해주는 것이고, 그것의 1차적 책임은 바로 위 리더에게 있다는 것을 분명히 하고 있다. 따라서 웅진에서는 임원 승진을 결정할 때 소속된 조직원들의 상사 평가를 매우 큰 비중으로 반영한다. 임원 한 사람의 역량보다 조직원 전체를 움직이는 능력을 더 높이 평가하는 것이다. 신기를 이끌어내기 위한 노력은 코칭제도를 통해 정규 인사시스템으로 정착시켰다.

〈그림 Ⅲ-1〉 웅진 인사 철학

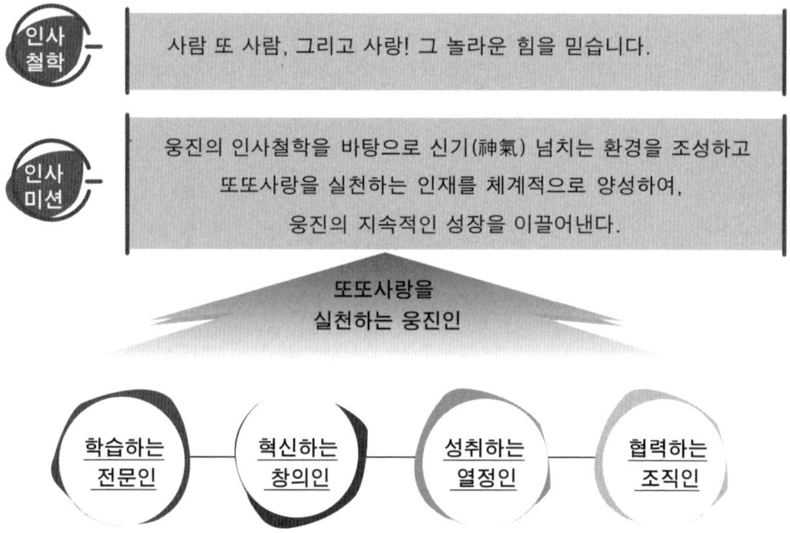

회사의 핵심역량은 사람이며 제도를 통해 사람을 관리하는 형태가 아닌 사람이 중심이 되는 인사를 해야 한다는 철학을 바탕으로, 전임직원이 한 가족이라는 '식구문화'를 활성화시켜 나가고 있다. 이에 웅진씽크빅의 교사(씽크빅, 다책, 홈스쿨, 영어, 스쿨)들 역시 한 식구로 바라보는 웅진씽크빅만의 차별화된 인재경영을 통해 '신기(神氣)' 넘치는 기업문화를 만들어 가고 있다.

2 인재상

웅진씽크빅의 인재는 창의적인 사고와 적극적인 추진력을 가지고 있으며 내가 속한 조직과 사회를 사랑하는 따뜻한 사람이다. 웅진씽크빅은 열정을 가지고 또또사랑을 실천할 수 있는 사람이라면 누구에게나 공정하게 능력을 발휘할 수 있는 기회를 제공하고 있다.

웅진씽크빅의 인재상을 네 가지로 나누어 본다면, 첫째 긍정적 사고를 하는 사람, 둘째 혁신하는 자세를 가진 사람, 셋째 도전하는 사람, 그리고 끊임없이 학습을 통해 자신을 성장시키는 사람이다(구본희, 2011).

웅진은 "개인의 성장을 통해 조직의 성장을 추구하는 육성형 성과주의", 즉 개인의 성장을 통한 조직의 성장을 인사 지향점으로 삼고 있다.

3 인재개발원의 역사

1) 인재개발원의 설립

그룹의 규모가 커지면서 계열사 간 통합 교육의 필요성이 대두됨에 따라 2003년 6월 임원 워크숍에서 연수원 설립 문제가 화두가 되었다. 이 사안이 긍정적으로 검토되어 각 계열사의 교육 담당자들은 그룹 통합 교육 체제의 필요성에 동의하고 연수원 설립을 지지했다. 그 무렵에는 그룹 신입사원 교육만 형식적으로 이루어졌을 뿐 각 계열사별로 직급별 교육이나 직무 교육을 따로 실시하고 있던 터였다. 제안이 나오고 불과 한 달도 채 안 된 2003년 7월 1일, 웅진은 그룹 산하에 인재개발원이라는 교육 훈련 조직을 설립했다. 이러한 인재개발원의 설립 배경에는 어떻게 하면 각 계열사들이 그동안 웅진이 지켜온 가치를 공유해 하나가 될 수 있을까라는 근본적인 문제의식이 깔려 있었던 것이다.

그룹 공통 교육의 필요성이 대두된 것은 단순히 직무 수행 능력이나 교육의 효율을 높이기 위한 것만은 아니었다. 기업의 규모가 급속히 커지면서 세계 시장을 향해 나아가려면 새로운 경영 전략과 마인드를 가진 인재의 필요성이 시급했고, 이런 인재를 양성하기 위해서는 웅진의 핵심가치인 또또사랑을 함께 공유하고 확산시킬 무언가가 필요했던 것이다.

'직원들이 공부를 많이 하는 회사'라는 말은 자주 들었지만, 그동안의 교육은 주로 영업직 직원들의 직무 능력 향상이나 정신 교육이 전부였다는 반성도 함께 일었다. 불굴의 영업력이 오늘의 웅진을 키운 기초 체력이었음은 사실이지만, 기업을 둘러싼 국내외 환경은 더 이상 여기에 안주할 수 없게 만들었다. 보다 넓은 시야에서 웅진의 미래를 내다보며 회사를 이끌어갈 능력 있는 인재들이 필요했고, 이런 인재들을 내부에서 확보하기 위해서는 전 직원들을 체계적으로 가르치고 훈련하는 방법뿐이었다.

2) 경영정신의 구체화와 그룹 교육 체계 수립

인재개발원의 첫 작업은 창업주가 사업을 일으키고 성공시키면서 체득한 방법론을 또또사랑의 여섯 가지 실천 사항으로 체계화하는 것이었다. 약 3개월간의 컨설팅 이후 그동안 창업 정신으로만 통용되던 '또또사랑'이 경영정신으로 구체화되면서 현재 통용되고 있는 고객사랑, 변화사랑, 사회사랑, 도정사랑, 조직사랑, 일사랑의 여섯 가지 요체에 대한 정의가 이루어졌다. 또또사랑의 실천에 초점을 맞춘 웅진그룹의 인재상도 이때 정립됐다. 웅진그룹의 경영정신을 효과적으로 전파하기 위한 교육 체계를 수립하는 작업이 시작되어 2003년 12월부터 이듬해 2월까지 3개월간 교육 과정 개발에 전념했다.

처음으로 웅진그룹의 전 직원을 대상으로 교육이 시작된 때는 이런 개발 작업이 한창이던 2003년 말이었다. 처음으로 웅진의 이름으로 서로 다른 계열사의 직원들이 한 자리에서, 신규 입사자와 승진자를 대상으로 교육을 받았다. 그리고 2004년 3월부터 9월까지 약 7개월 동안 인재개발원은 본격적인 '또또사랑 실천과정' 교육을 실시했다. 또또사랑 경영정신을 전 직원이 공유하고 실천할 수 있도록 하는 취지의 교육으로, 총 54차수에 걸쳐 사원에서부터 임원까지 총 2,400여 명이 참가했다. 이때 많은 직원들이 모두가 한 식구임을 실감할 수 있었다.

3) 가치 공유에서 성과 창출로

2005년부터 시작된 'CEO 특강'을 통해 윤석금 회장은 직접 강사로 나서서 웅진의 경영정신인 '또또사랑'이 탄생한 배경과 그동안 회사를 운영하면서 느끼고 깨달은 생생한 경험들을 진솔하게 들려주었다. 창업자가 자신이 추구해온 사업 방식이나 철학을 직접 직원들에게 들려준다는 점에서 직원들은 친밀감과 함께 큰 감동을 받았다. 이 같은 윤석금 회장의 교육에 대한 강력한 의지는 직원들의 의식을 하나로 묶는 데에 큰 기여를 했다.

인재개발원은 한 걸음 더 나아가 독서통신 교육을 통해 경영정신의 실천을 강화하고 또또사랑 온라인 과정을 통해 지속적 학습이 가능하도록 했다. 또한 직무별 경쟁력을 높일 수 있는 교육 프로그램을 준비했다. 특히 생산 현장 조직에서 또또사랑을 전파하는 활동을 진행하면서 현장 업무에 맞도록 개발된 '공장 혁신리더 육성 프로그램'을 실시했다. 이 프로그램은 다양한 교육으로 생산 현장에 키맨(key-man)을 양성하여 혁신과 변화를 주도하게 만든다는 것 외에도 국내외 우수 기업의 생산 현장을 벤치마킹해 공장 시스템을 상향 평준화한다는 뜻도 있었다. 웅진코웨이 각 공장과 웅진식품 공장에서 선발된 25명은 2005년 9월 22일부터 10월 7일까지 일본 도요타 공장을 견학하며 현장 개선 체험을 하는 등 다양한 교육을 받았다. 그 해 12월 7일에 가진 공장 혁신성과 발표대회는 각 공장별로 놀라운 개선효과를 가져옴으로써 지금의 W-TPS의 토대가 되었다.

교육이 지속될수록 직원들의 그룹에 대한 인식도 크게 달라졌다. 한 가족, 한 회사라는 동질성을 넘어 계열사 간의 그룹 시너지 효과가 나타나고, 계열사 간의 인력 이동도 활발하게 일어났다. 부문별로 우수 사례를 공유하고 상호 벤치마킹을 하면서 경쟁력도 높였다. 불과 얼마 전까지만 해도 상상도 할 수 없는 일이었는데, 기업의 핵심가치를 공유할 때 자발적으로 움직이고 이때 저절로 신기가 발동한다는 웅진의 기업의 문화가 자리잡기 시작한 것이다.

인재개발원은 교육의 성과가 경영 성과로 이어질 수 있도록 현업 중심, 학습자 중심의 과제해결 방식을 택했다. 전략적인 경영자 육성을 목표로 2006년부터 실시해온 〈임원 WE-MBA〉, 부장급을 대상으로 한 예비임원 육성 교육인 〈미래경영자과정〉, 팀장급을 대상으로 한 〈문봉독서대학〉 등을 개설해 직급별로 경영 전략 교육을 실시했고, 리더의 역량 강화를 필수 과정으로 지정해 〈신기코칭〉과 각 계층별 리더십 교육을 강화했다. 또한 기본 역량 및 직무의 전문성을 높이기 위해 이러닝(e-learning) 프로그램을 운영했다.

까페테리아식 교육 프로그램인 이러닝 프로그램은 온라인 강좌로 기획, 회계, 인사 · 교육, 마케팅, 전략기획에 이르기까지 다양한 과목을 개설해 스스로 부족한 부분을 선택해 교육받을 수 있도록 유도했다. 직원 각자가 편리한 시간에 필요한 과정에 참여할 수 있다는 장점 때문에 직원들의 호응도가 특별히 높았다. 자연히 교육에 대한 투자도 해마다 늘었다. 윤석금 회장은 "지금 당장 성과가 나지 않지만 사람도 나무처럼 오래 키워야 한다"며 교육을 독려했다. '50%는 일하고, 50%는 교육하라'라는 말도 이런 취지에서 나온 말이다. 인재개발원 출범 당시 2,400여 명이었던 교육 대상도 2008년에는 3,500명으로 늘었다. 영업부문 정직원까지 하면 7,000명 정도에 달했다.

4) 교육과 혁신의 두 날개

2007년, 지주회사인 웅진홀딩스를 설립하고 이듬해 새 CI를 발표하는 등 그룹 통합 작업이 힘을 얻자 인재개발원의 기능과 역할도 한층 더 강화되었다. 혁신, 리더십, 이러닝 · 직무 등으로 영역의 전문화가 이루어졌고, 교육 전문 인력도 크게 보강됐다. 인재개발원의 기능에 날개를 달아준 것은 신기혁신 업무였다. 2008년 4월에 나고야 선언의 실행 사항으로 윤석금 회장이 의욕적으로 추진한 웅진의 혁신활동인 W-TPS를 인재개발원이 주관하여 실행했다. 이를 위해 인재개발원에 혁신사무국이라는 조직이 확대, 편성됐고 규모도 커졌다. 상상오션과 지우잡 등도 W-TPS를 통해 평가되고 있다.

나고야 선언은, 웅진그룹이 글로벌 경영을 위해 2008년 4월 2박 3일 동안 일본 나고야에서 가진 사장단 회의에서 윤석금 회장이 발표한 7개항의 '나고야 실행 사항'을 일컫는 말이다. 도요타자동차의 혁신경영과 고객 및 이익중심의 경영을 배우기 위해 가진 나고야 컨퍼런스에서는 '세계적인 명품 7개 만들기'란 주제로 자사 제품과 선진 제품을 비교하는 전시회를 가졌으며, 도요타자동차 쓰쓰미 공장을 견학하는 한편 '글로벌 선진기업으로의 도약을 위한 경영 전략' 세미나를 갖기도 했다.

인재개발원이 그룹의 혁신활동도 담당하고 있는데, 이렇게 혁신활동 업무를 포함하게 된 데에는 혁신을 위해서는 먼저 사람을 변화시켜야 하고, 그 사람이 자발적으로 목표 의식을 가지고 혁신을 하여 성과를 올리는 선순환의 구조가 가장 이상적인 혁신의 시스템이라는 윤석금 회장의 인식이 있었기 때문이다. 인재개발원의 역할은 혁신에 앞서 사람을 변화시키고, 시스템과 환경을 만들어 교육을 하고 제안하고 지침을 주어 자발적인 혁신을 유도하는 일이다.

웅진이 도요타를 배운 것은 도요타의 기본 사상, 곧 낭비를 제거하여 생존원가를 확보하고, 가치가 없는 헛일을 하지 말자는 정신을 본받는 차원이니 도요타가 실시하고 있는 TPS를 그대로 적용하자는 것은 아니다. 도요타의 혁신에서 배울 점은 의지와 열정을 키우고, 사상을 공유하되 마지막으로 자기만의 방법론을 개발하여 변화하라는 것이다. 실제로 도요타의 TPS(Toyota Production System)는 생산 시스템을 개선하자는 것이고, 웅진의 TPS(Total Profit System)는 이익 구조 개선에 목표를 두고 있다.

신기혁신 자랑대회나 W-TPS 세미나에 참석해 본 사람이라면 짧은 역사가 믿어지지 않을 만큼 그 열기와 놀라운 성과에 놀라곤 한다. 회사 중심에서 고객 중심으로, 매출액이나 규모 지향에서 이익 지향으로, 아는 것에 그치는 것이 아니라 실행 · 실천 중심으로 생각과 자세를 바꾼 결과다.

'50%는 일하고 50%는 교육하라'는 웅진의 교육론은 변화에 대한 지향이 그만큼 절실하다는 것을 강조하고 있다. 자원도 기술도 부족한 나라의 기업이 세계 시장에 성공적으로 진입하기 위해서는 사람의 경쟁력을 높이는 길뿐이다. 이에 웅진은 교육과 혁신의 두 날개를 펴고 비상을 준비하고 있다.

4 웅진씽크빅의 인재개발팀

웅진씽크빅 인재개발팀의 직원수는 총 12명으로, 이 중 인사파트가 5명, 교육파트가 4명, 조직문화파트가 2명이다(월간인사관리, 2011). 2010년부터 인사와 교육이 합쳐져 인재개발팀으로 명칭이 바뀌게 되었다. 최근 인재개발팀에서 기획하고 추진하는 인사제도는 크게 인사 부문과 교육 부문으로 나누어진다.

최근의 주요 활동들을 간략히 소개하면, 인사부문에서는 2009년부터 전 직원 직무순환제도를 실시하고 있다. 회사 내 적재적소 인력배치와 직원들의 경력개발제도가 융화될 수 있는 시스템이다. 적재적소 인력배치를 위해 우선 과장급 이상을 대상으로 경력 프로파일을 만들 계획이다(월간인사관리, 2011). 또한 인사 부문에서는, 최근 신규 사업이 확대됨에 따라 외부인력 채용과 내부인력의 전략화 방안이 보다 집중적으로 모색되고 있다. 외부인력의 역량을 검증하고 채용시스템을 효율화시키며 내부인력의 전략적 육성방안을 마련하는 방향성을 가지고 있다(월간인사관리, 2011).

교육부문에는 핵심 및 우수 · 글로벌인재의 육성체계의 수립과 시행이 추진되고 있다. 이것을 위해 우선 핵심, 우수, 글로벌 인재의 정의를 수립하고 핵심인재와 우수인재(전문가그룹, 경영자그룹)를 대상으로 글로벌 교육을 진행할 계획이다(월간인사관리, 2011).

5 인재육성 현황

웅진씽크빅은 비전, 성장, 인정의 세 가지 모티프를 중심으로 성과지향의 맞춤교육체계를 수립함으로써 '큰 사람에 의한, 큰 사람을 위한' 조직문화 창출을 위해 노력하고 있다. 임직원을 위한 전사 공통교육 외에도 각 사업본부별로 차별화된 인재육성 프로그램을 마련하여 웅진교사를 대상으로 교육을 진행하고 있다. 2008년과 2009년 총 교육투자비는 각각 약 130억 5,000만 원과 112억 3,000만 원이었으며, 이는 매출액 대비 각각 1.7%, 1.4%에 해당하는 수치이다.

〈그림 Ⅲ-2〉 웅진씽크빅 인재경영

긍정으로 할 수 있다
SAY YES

한국에서 가장 존경 받는 기업 교육서비스 부분 3년 연속 1위
2008, 2009, 2010_한국능률협회컨설팅

무료학습 지도, 임직원 자원봉사, 해외 해피홈스쿨 운영, 다문화 가정 지원 등 어린이를 대상으로 한 사회적 책임활동이 높은 평가를 받았습니다.

인적자원개발 우수기관 선정
2007_교육인적자원부, 산업자원부, 노동부

체계적인 인재육성, 창조적인 조직문화양성 등을 인정받아, 2007년 인적자원 개발 우수기관으로 선정되었습니다.

한국에서 가장 일하고 싶은 기업 교육서비스 부분 3년 연속 1위
2008, 2009, 2010_한국능률협회컨설팅

능력 중심의 인사제도, 체계적인 복리후생제도와 웅진씽크빅만의 기업문화를 바탕으로 3년 연속 한국에서 가장 일하고 싶은 기업으로 선정되었습니다.

노사문화우수기업 선정
2009_노동부

모범적인 노사관계를 구축하고 바람직한 노사문화를 조성해온 노력과 성과를 높이 평가받아, 2009년 고용노동부로부터 '노사문화우수기업'으로 선정되는 영예를 안았습니다.

6 교육 프로그램

웅진씽크빅의 교육은 기본교육과 리더십교육, 직무교육, 조직개발교육, 핵심인재교육, 자기개발 테마교육으로 구성되어 있으며, 사내교육 과정과 사외교육 과정으로 나누어 운영된다. 교육이수학점제(SELP: self evolution leading program)를 통해 직원들이 연간 100학점을 기준으로 매년 80% 이상의 학점을 의무적으로 이수하도록 함으로써 임직원 스스로 직무와 역량 개발에 몰두하도록 독려하고 있다. 웅진교사에게는 제품과 고객 서비스 관련 교육과 인성교육 위주로 교육을 진행하고 있으며, 주요 과정으로는 입문과정, 능력개발과정, 교재이해과정, 체육대회 등이 있다.

1) 리더십역량 향상 교육

직원들의 리더십 역량을 강화하기 위해 각 직급별로 체계적인 리더십 교육을 시행하고 있다. 특히 예비대리과정, 예비과장과정, 예비차장과정 등을 두어 승진 예정자가 이전 직급 승진 후에 차기 승진을 위해 필요한 업무 능력을 갖출 수 있도록 지원한다.

2) 멘토링 제도

웅진씽크빅은 공채 신입사원과 수시 입사자를 대상으로 각각 평균 6개월과 3개월간 멘토링 프로그램을 시행하고 있다. OJT와 병행되는 멘토링 제도는 조직문화의 이해와 공동체 의식을 높이고 선후배간 우호적인 인간관계를 형성하는 것을 목적으로 한다. 멘토가 되는 선배 직원들은 후배 사원들의 선생(Teacher)이자 코치(Coach), 헬퍼(Helper)의 역할을 하게 되며, 원활한 멘토링을 위해 멘토와 멘티 한 그룹당 월 10만 원의 활동자금을 지원한다. 멘토링 제도를 통해 신입사원과 수시 입사자의 자긍심을 높이고 주인의식을 강화하는 것은 물론 멘토의 리더십을 향상시키는 성과를 거두고 있다. 이에 더

〈그림 Ⅲ-3〉 웅진씽크빅 직급별 핵심 역량

구분	사원	대리	과장	차장
리더십 모델	자기 관리 리더	실무 주도 리더	성과 촉진 리더	성과 창출 리더
역할 정의	• 주도적 업무 수행자 • Follower • 자기 개발자	• 직무 전문가 • 팀 Player • 문제 해결자	• 코디네이터(조정자) • 멘토 • TFT 리더	• 팀장 • 예비 팀장
리더십역량	• 비전수립 • 자긍심 • 시간관리	• 팀워크 • 설득력 • 변화 관리	• 대인관계/네트워킹 • 동기부여 • 협상력	• 임파워먼트 • 코칭 • 비전 창출
직무역량	• 목표의식 • 계획수립 • 분석력	• 기획력 • 문제 해결력 • 논리적 사고	• 전략적 사고 • 변화와 혁신 • 전략 기획력	• 성과 추구 • 경영 마인드 • 조직관리
기본 역량	• 열정 • 팀워크 • 혁신			

• 2009년 웅진 씽크빅 리더십 역량 체계 보완(리더십 모델/역할 정의, 리더십과 직무역량 구분)

〈그림 Ⅲ-4〉 리더십 교육 체계

직 급	핵심역량	
차장	리더십 역량	• 임파워먼트 • 코칭 • 비전 창출
	직무 역량	• 성과 추구 • 경영 마인드 • 조직관리
과장	리더십 역량	• 대인관계/네트워킹 • 동기부여 • 협상력
	직무 역량	• 전략적 사고 • 변화와 혁신 • 전략 기획력
대리	리더십 역량	• 팀 워크 지향 • 설득력 • 변화관리
	직무 역량	• 기획력 • 문제 해결력 • 논리적 사고
사원	리더십 역량	• 비전 수립 • 자긍심 • 시간관리
	직무 역량	• 목표의식 • 계획 수립 • 분석력

과정	과정별 주요 교육 내용
승급 Level Ⅲ 과정	• 그룹 인재개발원 주관
승급준비 Level Ⅲ 과정	• 전략 경영에 대한 이해 및 적용
승급 Level Ⅱ 과정	• 역할 인식(코디네이터/멘토/TFT 리더) • 신뢰구축 / 커뮤니케이션(협상력) / 전략 수립 실습
승급 준비 Level Ⅱ 과정	• 전략 기획 이해 / 환경 분석 기법 • 전략적 기획탐색 / 전략적 기획서 작성
승급 Level Ⅰ 과정	• 역할 인식(직무 전문가/팀 플레이어/문제 해결자) • 설득력 / 기획력 향상(로직 트리 / 기획서 작성)
승급준비 Level Ⅰ 과정	• 기획의 개념 • 기획과제 정의 / 정보분석 / 대안도출 / 기획안 구성
Follow-Up 입사자 교육	• 내 삶의 황금열쇠(자긍심/비전메이킹/창의적 업무수행) • 그룹 및 자체 교육(8개월)

〈그림 Ⅲ-5〉 수시입사자 교육 및 멘토링 운영의 목적

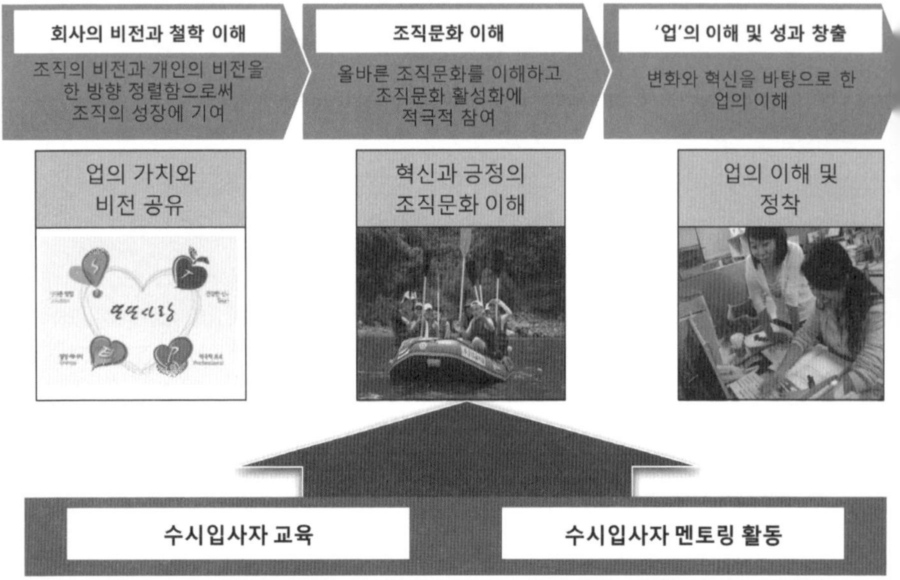

〈그림 Ⅲ-6〉 수시입사자 교육 및 멘토링 프로세스

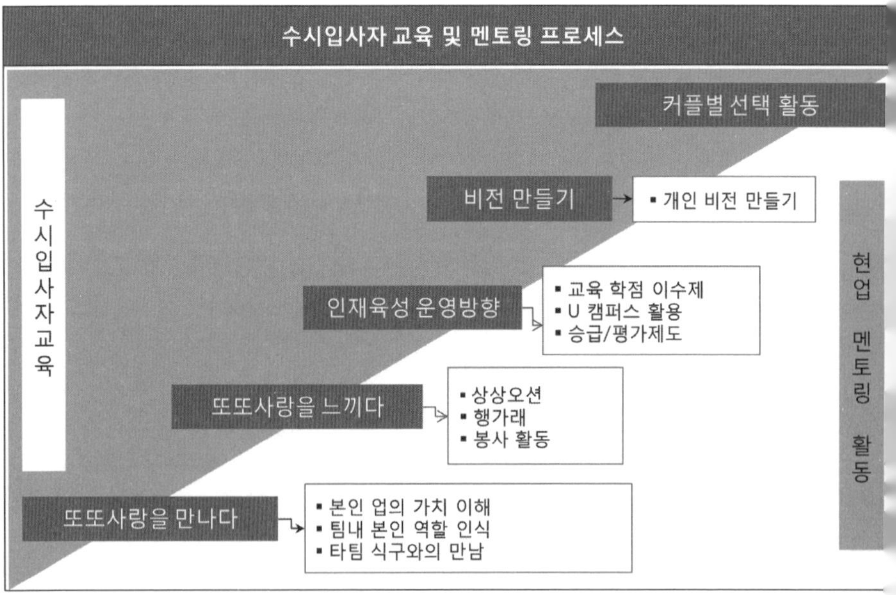

하여, 3~4명 당 한 명씩 감성멘토가 지정되어 보다 질 높은 멘토링 활동을 가능케 한다.

수시입사자 대상의 교육 목적은 회사의 비전과 철학을 바탕으로 조직문화를 이해함으로써 신속한 씽크빅 정착을 유도하기 위함이다. 수시입사자 교육 프로그램을 바탕으로 해당하는 항목을 멘토링 활동에 매칭하여 운영의 표준화를 꾀하고 수시입사자의 조기 정착을 유도한다.

3) 독서토론회 '신기통통'

독서토론회인 '신기통통'은 직원들의 역량을 강화하고 긍정적인 소통을 확대하기 위해 시행하는 웅진그룹 공통의 제도이다. 웅진의 기업문화인 '신기'와 소통하다, 저장하다는 의미의 '통'을 더해 신기통통이라는 이름을 갖게 되었다. 단지 책을 읽고 지식 정보를 공유하는 것이 아니라 책을 읽고 대화를 나누며 서로를 이해하는 시간을 갖는다는 점에 차별성이 있다. 책을 주제로 이야기를 나누며 서로의 관점을 이해하게 되면 조직의 신기를 불러일으킨다는 것이다.

팀당 5~10명의 팀원으로 구성되어 있으며 외부 파트너나 사내 추천을 통해 선정된 양질의 도서를 읽고 매월 1회 '도시락 미팅' 형식으로 활발한 토론을 벌인다. 신기통통 커뮤니티도 운영하여 상시적인 소통을 지원하고 있다. 형식에 제한이 없는 열린 방식의 신기통통 프로그램은 장소를 야외로 옮기는 야외 활동, 호프집에서 벌이는 호프데이, 현업에서의 아이디어 모색을 위한 지식 적용 등 즐겁게 참여하는 방식으로 진화하고 있다. 조만간 학습과 업무 성과를 동시에 추구할 수 있는 학습 조직 형태로 발전해 나갈 것이다.

7 임직원 경력개발

1) 경력개발시스템

웅진씽크빅은 보다 효율적인 인력양성을 위해 전 직원을 대상으로 개인적 욕구와 조직의 목표를 연계한 경력개발시스템을 구축, 직원들이 직무 전문가로 성장하도록 돕고 있다. 경력개발 트랙은 Managerial Track, Expert Track, Specialist Track, Professional Track, Operation Track 총 5개로 나누어져 있으며 각 직급의 특성에 따라 경력 목표를 설정하고 이에 적합한 경력 트랙을 설정하여 운영하고 있다.

2) 전문교육 지원

웅진씽크빅은 직원들의 다양한 경력개발을 위하여 매월 1회 외부 전문강사 학습 세미나 개최, 대학원 지원(인당 평균 300만 원), 자격증 취득지원 등을 시행하고 있다. 또한 2008년부터 경영지원실 주관 1인 1 자격증 취득 프로젝트를 진행하는 등 웅진씽크빅의 인재상 중 하나인 '학습하는 전문인'을 실천하고 있다.

8 사내교수제도 '배움마루'

"배움마루"의 목적은 사내 교수를 활용하여 개인의 다양한 교육 필요에 맞는 맞춤식 교육을 통해 웅진씽크빅의 비전 달성에 기여하는 것이다. 배움마루를 통해 조직 차원에서는 일상적 학습문화 구축을 통해 전문가를 육성할 수 있고 웅진씽크빅에 적합한 체계적인 역량 및 직무별 교육 프로그램을 정립할 수 있으며 창조 기업 달성의 주축이 될 역량 있는 인재를 육성할 수 있다. 그리고 개인 차원에서는 직원들의 직무나 언어 학습에 대한 다양한 요구를 해소시켜 줄 수 있고 개인별 맞춤식 교육이 가능해지며 고성과자의 노하우를 발굴, 전수하여 상향 평준화를 달성할 수 있는 사내교수 활동의 장을 마련해줄 수 있다. 궁극적으로는 배움마루 또한 웅진씽크빅의 비전 달성에 기여하게 되는 것이다.

현재 25명의 사내교수들이 있으며 1년에 3학기(봄, 여름, 가을) 개설된다. 여름학기에는 150명이 수강 중이며 근무 시간 외의 학습을 권장한다. 학기당 1인당 1만 원을 현금 납부하고, 언어과정을 제외한 직무과정에 한하여 시간당 학점이 인정된다. 단, 70% 이상 출석을 해야 하며, 불참한 교육 내용에 대해서는 과제물을 제출해야 한다. 사내 교수료는 직무과정이 시간당 5만 원으로, 학기 종료 후 일괄 지급한다. 강좌별 정원은 15명으로 선착순으로 모집하며, 최소 8명 이상 수강 신청 시 개설을 하게 된다. 학기가 종료된 후에는 교육생 설문을 통해 사내교수를 평가한다.

언어 과정은 영어, 일본어, 중국어, 토익 등이 개설되고, 그밖에 직무 스킬업(포토샵, 프리젠테이션, smart work), 자격증 과정, 자기주도 학습(평생학습), 재무회계, 각 이슈별 특강 등이 개설된다.

사내교수의 자격은 직급과 상관없이 직무, 외국어 등의 분야에서 전문가 수준의 역량을 보유한 자이다. 교수 육성은 일상적 학습프로그램 구축과 사내교수 학습조직 운영을 통해 이루어진다. 2011년 7월 기준으로 14개 강의 과정을 운영 중이고 특히 코칭과 리더십과정을 확대할 예정이다. 직무별 심화과정도 개발할 계획이다(월간인사관리, 2011).

9 다보스 팀장 교육

웅진씽크빅의 팀장을 대상으로 월 1회 팀장교류회를 실시하는데, 이를 통해 회사의 이슈와 정보를 공유하고 팀장 역량 향상을 위한 교육을 실시한다.

〈그림 Ⅲ-7〉 사내교수 선발 분야 및 인원, 기준

<table>
<tr><th colspan="2" rowspan="2">교수 선발 분야</th><th rowspan="2">선발 인원</th><th colspan="3">선발 기준</th></tr>
<tr><th>등급</th><th>자격</th><th>직무/직급</th></tr>
<tr><td rowspan="2">리더십</td><td>마인드 교육(역할인식)</td><td>3</td><td rowspan="10">최근 2년간 B등급 이상자</td><td rowspan="2">• Loyalty & Integrity 소유자</td><td rowspan="2">직무무관/ 과장 이상</td></tr>
<tr><td>커뮤니케이션/리더십</td><td>2</td></tr>
<tr><td rowspan="5">직무</td><td>기획력</td><td>4</td><td rowspan="5">• 직무에 대한 전문성 소유자</td><td rowspan="5">유관 직무/ 대리 이상</td></tr>
<tr><td>전략적 기획력</td><td>4</td></tr>
<tr><td>재무회계</td><td>2</td></tr>
<tr><td>HRD</td><td>2</td></tr>
<tr><td>마케팅</td><td>2</td></tr>
<tr><td rowspan="3">외국어</td><td>영어회화</td><td>3</td><td rowspan="3">• 어학 능통자</td><td rowspan="3">직무 무관/ 직급 무관</td></tr>
<tr><td>일어회화</td><td>1</td></tr>
<tr><td>중국어회화</td><td>1</td></tr>
</table>

〈그림 Ⅲ-8〉 배움마루 운영 현황

<table>
<tr><th>구분</th><th>직무영역</th><th>언어</th></tr>
<tr><td>개설과목</td><td>마케팅, 재무회계, HRD, 기획, 리더십</td><td>일본어/영어/중국어</td></tr>
<tr><td>개요</td><td colspan="2">3개월 / 수강료 1만 원 / 강사료 시간당 5만 원</td></tr>
<tr><td>수강인원</td><td>60명</td><td>30명</td></tr>
</table>

사내 MBA과정도 운영할 계획을 가지고 있다(월간인사관리, 2011).

10 신기코칭

웅진의 신기문화와 이어지는 신기코칭은, 신기를 이끌어내기 위한 노력이 인사시스템으로 정착된 것을 명백히 보여준다. 즉 웅진에서는 신기를 촉진

〈그림 Ⅲ-9〉 다보스 팀장 교육과정 개요

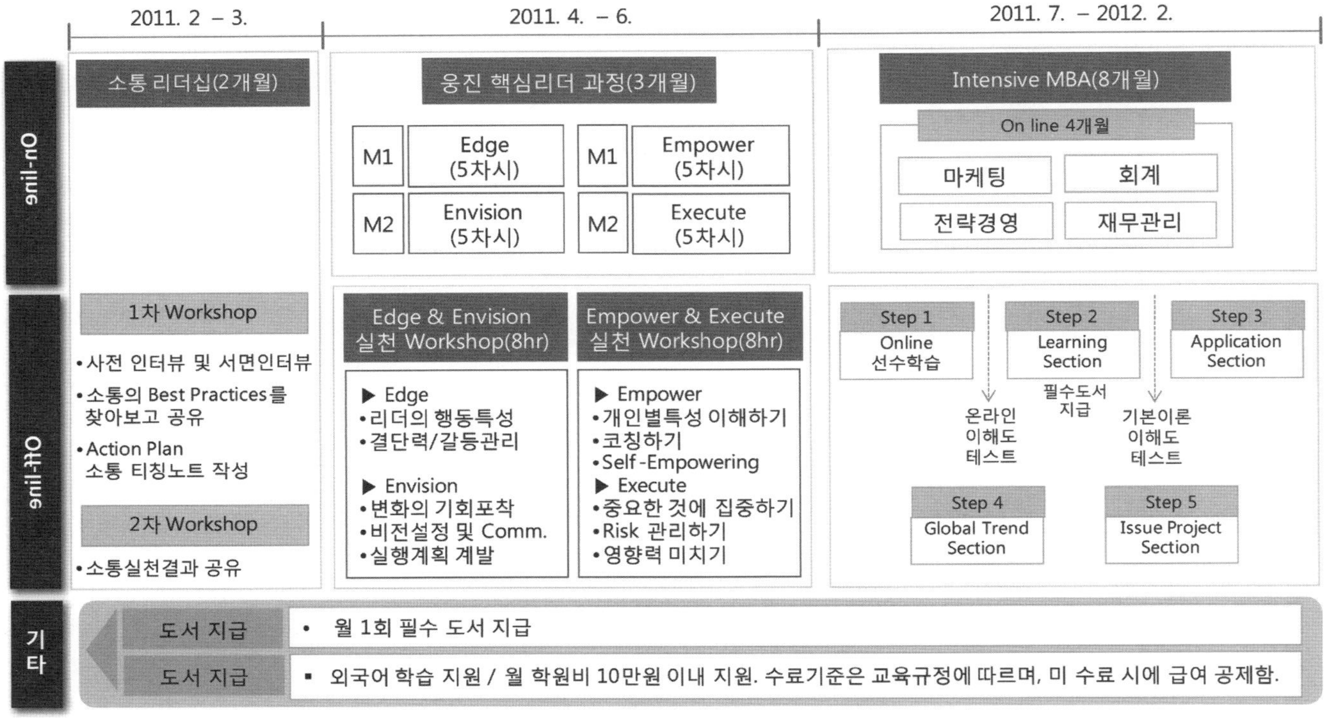

Copyright© 2011 by 웅진씽크빅

하는 것을 코칭으로 보고, '신기코칭'을 "개인과 조직의 신기를 불러일으키는 소통의 방식"으로 보고 있다. 코칭제도가 성공하려면 코칭을 받는 사람이 가진 잠재력을 이끌어내겠다는 리더의 진심과 서로 간의 신뢰가 있어야 하는데, 웅진의 코칭제도는 또또사랑의 기업문화가 이미 30년간 지속되어 온 바탕 위에서 인사 시스템으로의 변환을 시도한 것이어서 빠른 시간 안에 자리잡을 수 있었다. 또한 보다 유연하고 혁신적인 새로운 시장에 빠르게 대응하기 위해, 자율성과 창의성을 지닌 인적자원의 개발을 위해 코칭 스킬의 필요성이 증대되었다.

신기코칭을 통해 구성원들에게 비전을 심어줄 수 있고 자신의 일에 대한 자부심을 제공해주며 보살핌과 존중받고 있음을 느끼게 하고 동기부여를 강화하며, 역량개발은 물론 조직에 대한 소속감을 증대시키는 효과를 볼 수 있다. 웅진은 상대방을 이해하고, 객관적으로 자신을 보게 하며, 스스로 문제를 깨닫게 하고, 존재가치와 잠재력을 존중하는 것을 신기코칭의 원칙으로 삼고 있다. 상대방을 이해하라는 원칙을 위해서는 적극적 경청을, 객관적으로 자신을 보게 하라는 원칙을 위해서는 구체적 피드백을, 스스로 깨닫게 하는 원칙 하에서는 열린 질문, 그리고 존재가치와 잠재력을 존중하라는 원칙 하에는 정서적 지지를 핵심 스킬로 삼고 있으며, 이는 모두 '사랑'이라는 핵심 가치를 기반으로 이루어진다.

웅진신기코칭은 외형은 간단하지만, 그 깊이는 결코 녹록하지 않다. 분기당 한 번씩 팀장과 팀원은 3개월간 업무 내용을 가지고 일 대 일로 30분 이상의 대화를 나누는 코칭을 진행하면서 평가를 하고, 평가 후에 팀원–팀장–본부장–사장–회장에 이르기까지 상사가 코멘트, 등급, 우수점, 개선점, 상사 지원 사항에 대한 피드백을 제공한다. 신입사원부터 회장까지 모두 참여한다.

웅진 신기코칭의 진정한 차별점은 '사랑이라는 진심'에 있다. 1년에 4번 서로 진지하게 이야기하는 정기코칭과 상시코칭을 통해 서로를 이해하고 사랑할 수 있는 시간을 갖는 것이다. 그래서 개인과 조직 전체가 잠재되어 있던 역량을 최대한 이끌어내는 것이 웅진신기코칭의 진정한 목적이다.

〈그림 Ⅲ-10〉 신기코칭의 이해

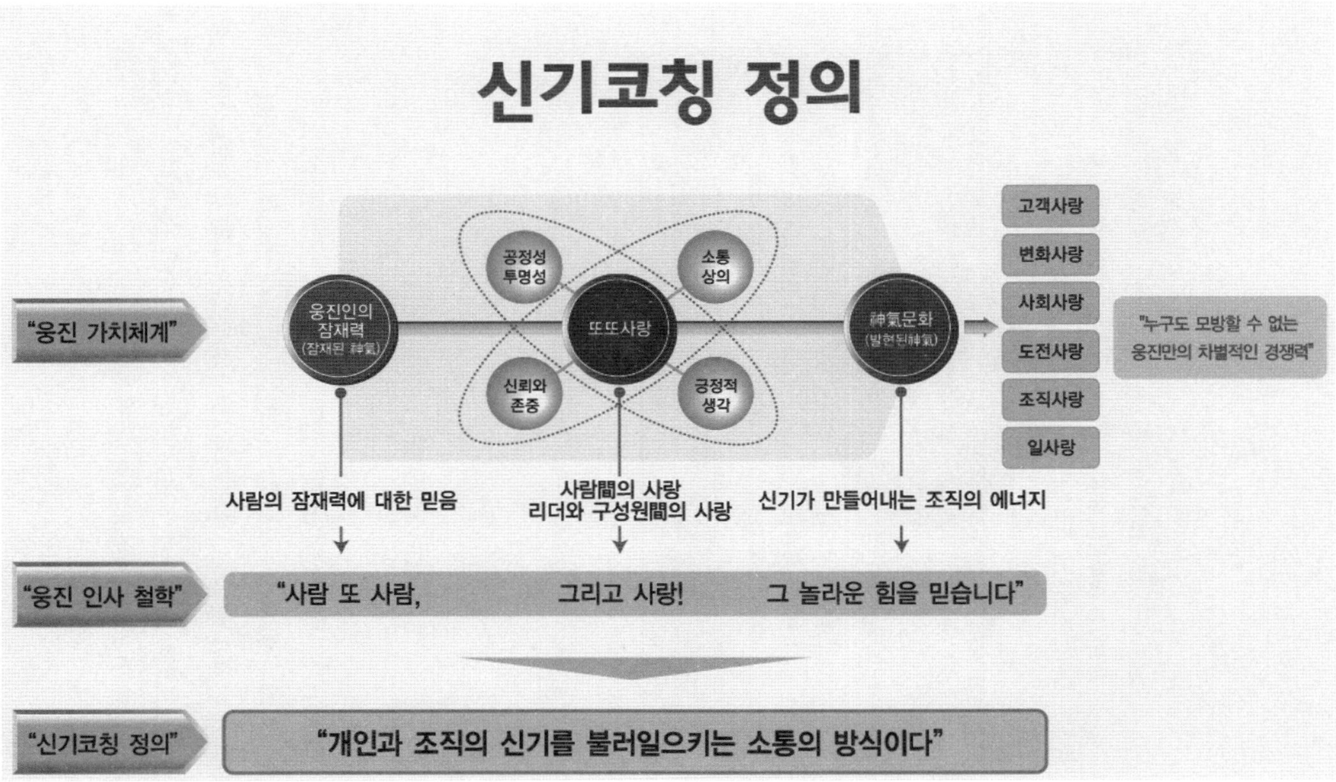

〈그림 Ⅲ-11〉 핵심가치와 연계된 웅진 리더상

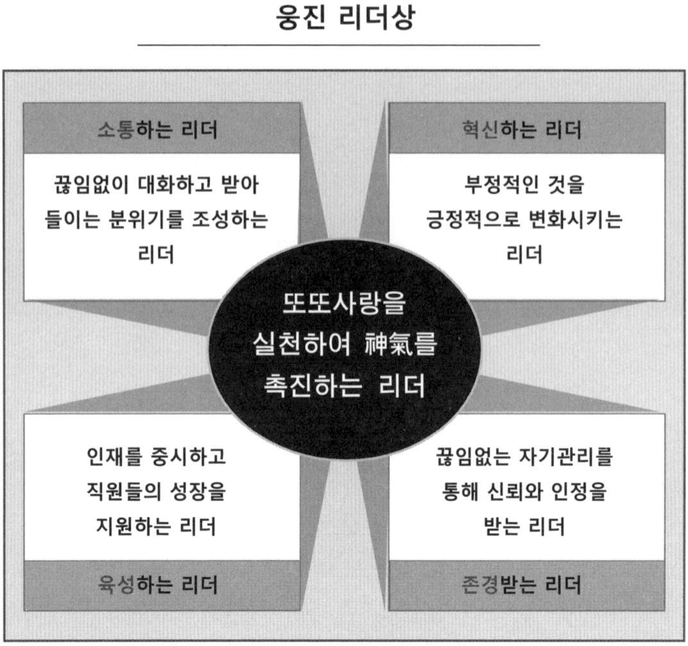

Copyright© by 웅진홀딩스

11 성과관리 시스템

성과관리는 조직 성과와 개인 성과 시스템으로 이원화되어 있으며, 다시 개인 성과는 업적과 역량의 두 가지로 구성된다. 업적 평가는 전사 및 조직 목표와 연계된 재무·비재무 목표, 역량평가는 업적 목표 달성을 위한 개인의 지식, 기술, 행동양식과 태도 등에 대해 이루어지며, 업적평가와 역량 평가는 각각 연 2회 실시하고 있다.

〈그림 Ⅲ-12〉 신기코칭의 원칙

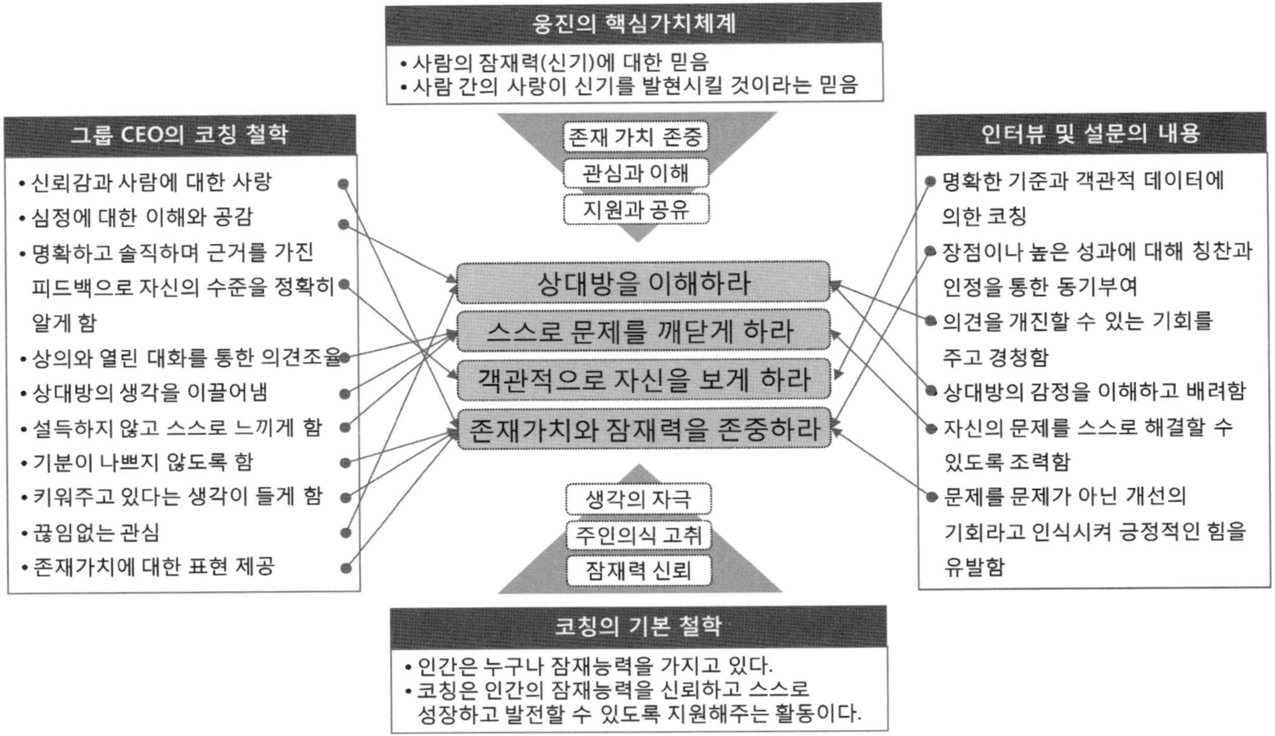

Copyright© by 웅진홀딩스

12 평가제도

웅진씽크빅의 평가제도는 1년 동안의 수치화된 업무결과로 평가를 받는 업적평가와, 중장기적으로 개인이 역량 향상을 위해 어떠한 노력을 하였는지를 평가받는 역량평가로 나누어진다. 업적평가는 MBO(목표관리)에 기반을 두고 운영하며, 역량평가는 자기계발을 위한 노력과 행동규범을 통해 평가를 한다. 전 직원을 대상으로 개인별 역량을 구분하고 있는데, 공통역량은 공통, 직무역량은 직렬별로 4~5개 역량으로 구성되어 있다.

매년 목표설정은 상위 관리자와 합의를 통해 결정되고, 모든 평가는 상위 관리자를 통해 1차와 2차 평가를 하게 된다. 또한 평가 결과는 '멘토시스템'이라는 별도 프로그램을 통하여 운영되어 비밀이 보장된다. 각 개인은 스스로 정한 목표 기준을 멘토시스템에 등록하여 관리한다. 멘토시스템에는 직원 스스로 평가 등록과 관리, 실시간 조회, 평가자의 직접 피드백 및 코칭 시스템을 마련하였다.

또한 개인의 업적평가에 대한 피드백과 개인역량 개발방향에 대한 상위관리자와의 살아 있는 대화인 '코칭'을 통해 평가결과에 대한 피드백을 공유하고 개인의 장단점, 개선 사항을 상호 설명하고 합의할 수 있도록 하여 평가뿐 아니라 실질적인 자기계발과 육성이 이루어진다.

또한 임직원 성과평가에 재무적 성과뿐 아니라, 윤리, 사회, 환경적 성과도 반영하고자 노력하고 있다.

웅진의 그룹 표준 역량체계 구조를 살펴보면, 웅진의 인재상을 또또사랑 실천역량 및 일사랑 역량으로, 웅진의 리더상을 웅진 리더역량으로 명확히 연계한 것을 볼 수 있다. 또한 이 안에는 혁신이 하나의 중요한 역량으로 자리잡고 있다. 또또사랑 실천역량에서 팀웍, 열정, 혁신은 각각 20%의 가중치를 차지하고 있고 일사랑 역량에서 기획력과 관계 구축력은 15%, 설득/협상력은 10%의 가중치를 가져가고 있다.

〈그림 Ⅲ-13〉 그룹 표준 역량 모델

	인재상	역량		리더상	역량명
또또사랑실천역량	협력하는 조직인	팀웍	웅진리더역량	소통하는 리더	도전적 목표의 소통
					전략적 의사결정
	성취하는 열정인	열정		혁신하는 리더	혁신환경 조성
					혁신실현
	혁신하는 창의인	혁신		육성하는 리더	육성형 코치
					성장을 위한 업무 부여
일사랑역량	학습하는 전문인	직렬별 표준화 (6개 中 3개)		존경받는 리더	원칙 있는 조직 운영
					가치 수호

〈그림 Ⅲ-14〉 역량평가: '혁신' 항목 예시

영역		
Level 1 (사원급)	Level 정의	**다양한 관점과 시도를 환영한다**
	행동 지표	▪ 다른 사람의 다양한 의견과 시도에 대해 개방적인 태도를 갖는다
		▪ 팀 회의나 업무수행 시 새로운 시각으로 다양한 의견이나 아이디어를 제시한다
대리급 Target Level Level 2 (대리급)	Level 정의	**기존의 것에 지속적으로 도전한다**
	행동 지표	▪ 본인의 맡은 업무의 프로세스와 시스템이 최고 수준 대비 어느 정도인지 파악한다
		▪ 기존 방식에 변화가 필요한 부분을 지속적으로 찾아내어 적용 가능한 대안을 제시한다
Level 3 (과/차/부장급)	Level 정의	**혁신을 실제화한다**
	행동 지표	▪ 필요한 혁신을 구체적으로 정의하고 이를 실천하기 위한 실질적인 계획을 세워 추진한다
		▪ 혁신 시도에 대한 이해관계자의 반대에 직면하더라도 공감과 행동을 이끌어내어 혁신을 끝까지 실현한다
Level 4 (과/차/부'E'급)	Level 정의	**개인을 넘어 팀 차원에서의 혁신을 실제화한다**
	행동 지표	▪ 내외부 환경변화를 인식하여 팀 동료들에게도 필요한 변화를 알리고 설득한다
		▪ 본인 영역의 혁신에 만족하지 않고, 팀 동료들의 혁신 수행에 주도적으로 실질적인 도움을 준다

13 승진 마일리지 제도

웅진씽크빅은 직원별로 업적과 역량에 대한 마일리지 포인트를 부여하여 해당 포인트가 승진기준에 도달하면, 연공과 상관없이 승진에 반영하는 승진 마일리지 제도를 운영하고 있다. 매년 종합평가의 결과에 따라 승진 포인트를 지급하며 달성 포인트에 따라 승진 대상자가 될 수 있어, 나이와 직급을 초월해 조기 승진이 가능해졌다. 예를 들어, 논술, 프리젠테이션 시험 우수자, 매경 Test와 한경 TESAT 시험 성과자들에게는 3점의 승진 가점이 부여된다. 재무자격증, 재경관리사, 토익 등도 가점이 된다. 그리고 다양한 이러닝이 활성화되고 있는데 매년 100학점 이상의 교육을 수료해야 승진 대상이 된다. 외부 교육은 팀별로 1인당 50만 원을 지원해준다. 단, 환경경영을 중시하는 웅진씽크빅은 흡연자에게 3점의 감점을 부여한다.

또한 능력과 자질, 업적이 탁월한 직원에 대해서는 발탁 승진도 활성화하고 있다. 또또사랑상, 열정상, 변화도전상, 고객협력상, 사회사랑상 등 임직원에게 수여되는 각종 연간 수상에 대해 승진 가점을 부여하고 있으며, 매년 혁신활동에서 우수한 성과를 올린 개인과 조직을 대상으로 연간 보상을 실시하고 있다. 2010년 1월부터는 동기 부여를 확대하기 위해 혁신상 수상자에게 승진 가산점을 부여하는 제도를 시행하고 있다. 개인, 이노오션, 상상오션 부문의 혁신상 수상자는 2점에서 최대 5점까지의 승진 가산점을 받게 된다. 앞서 언급한 바 있듯이, 혁신 개인 대상, 금상, 은상 수상자에게는 승진 가점이 각각 5, 4, 3점씩 부여된다. 상상 개인 1위와 2위에게는 승진가점 3점, 2점이 지급되고, 혁신이노오션상 수상자에게는 승진가점 3점이 부여된다.

14 복리후생제도

웅진씽크빅의 복리후생제도는 일반 복리후생과 선택적 복리후생으로 구성되어 있다. 2006년부터 도입한 선택적 복리후생제도는 근속 연수와 직계가족 수에 따라 40만~100만의 기본 포인트가 부여되며 제안 활동, 제안 답변, 각종 회사 지원 등에 따라 가점 포인트가 추가로 제공된다. 건강관리, 자기계발, 문화와 레저, 가정친화 등 다양한 항목의 혜택을 누릴 수 있는 복리후생제도는 2007년도부터 웅진교사에게도 동일하게 적용한다.

15 건강도우미

웅진씽크빅에서는 시각장애인 안마사를 고용해 격무로 지친 직원들의 피

〈그림 Ⅲ-15〉 복리후생제도

생활편의 지원	
• 직원 산매제도	사내 단행본 및 전집 지원
• 주택 무이자 대출제도	
• 건강검진	1년마다 무료 검진
문화/여가 지원	
• 휴가제도	일반 연차 및 경조 외 Refresh 휴가 부여 (1개월)
• 콘도 운영	전국 6개 콘도 운영 (총 35구좌)
• 기념일 선물 지급	명절 (연 2회) / 창립기념일
• 동호회 활동 지원	총 14개 동호회 비용 지원 (월 20~30만 원) /총 1,389명
• 경조사비 지원	
• 송년회비 지원	

로를 풀어주고 있다. 파주사옥에 2명의 건강도우미(health keeper)가 2011년 7월 18일부터 상주하고 있다. 오후 1시부터 오후 6시까지 운영되며 1회에 30분 이용 가능하고 예약 시 1,000원씩 급여에서 공제된다. 공제된 금액은 연말 불우이웃돕기에 성금으로 사용될 예정이다(월간인사관리, 2011).

16 씽크빅 '좋터만(좋은 일터 만들기)' 위원회

또 하나의 씽크빅만의 독특한 제도는 젊은 직원들의 조직문화 아이디어 뱅크인 '좋은 일터 만들기'로, 전사적인 분위기 개선을 위해 시행되었다. 각 본부별 입사 2~3년차의 젊은 사원들을 주축으로 구성된 대표이사 직속 전사 기업문화/제도 개선 조직으로, 분기별로 운영된다. 기수별 4개월, 연간 3기수가 운영된다. 월 2회 정기 모임을 통해 기업문화 개선 제도 등을 논의하고, 월 1회 대표이사와의 회의를 통해 논의된 안건에 대한 시행여부를 결정한다. 이때 결정된 안건은 즉시 실행된다. 좋터만에는 기업문화 교육은 물론 우수 기업 벤치마킹 기회가 제공되며, 시행 안건에 따라 타 기구(노사협의회, 해피메이커)와 유기적인 협의가 가능하다. 논의 안건과 아이디어는 DB화시켜서 동호회 사이트 내 동호회를 개설하기도 한다. 좋터만은 이노홀릭 시간 등 회사 제도 안에서 활용 가능한 시간에 진행된다. 이와 비슷하게 웅진코웨이에서도 조직문화 개선조직인 '신기나라 운동본부'를 통해 신기 충전방, 점심시간 탄력 운영제, 연차 달력제 등이 진행되었다.

17 씽크빅 특강

매월 1회 웅진씽크빅에서는 외부 강사를 초빙하여 학점으로 인정되는 90

분간의 특강을 제공하고 있다. 2011년에는 행복마당과 합쳐서 강사로 한비야를 초청 예정이다. 여기에 더하여, 월드비전의 세계시민교육관 부스를 설치하여 직원들이 체험하도록 하고 '기아체험'을 웅진씽크빅 사옥에서 실시할 예정이다. 기아체험 신청자들에게는 영양죽이 제공되며, 월드비전과 연계한 이번 행사를 통해 음식과 환경의 소중함을 체험토록 계획하고 있다. 이때 자유롭게 사원들이 기부할 수 있도록 하고, 사원 총 기부금액과 동일한 액수를 회사가 기부하여, 사원들과 회사의 기부금을 월드비전에 전달할 예정이다.

18 웅진 식구 커뮤니케이션

웅진씽크빅의 기업문화는 '신기'와 '긍정'이다. 신바람 나는 근무환경을 만들고, 긍정의 사고가 걸작을 만들 수 있다는 신념으로 다양한 소통의 활동들을 통해 원활한 커뮤니케이션을 실현하고자 하고 있다.

1) 해피메이커

해피메이커(Happy Maker)는 신기문화 형성과 직원 고충해소를 위해 활동하는 웅진씽크빅의 신바람 문화 전도사이다. 2006년부터 시작한 해피메이커의 주요 활동으로는 기업문화 확산 활동인 '웅진씽크빅 문화다지기'를 비롯하여, 식구들의 건의 및 불편사항을 대표이사와 소통하는 '신바람 톡톡' 등이 있다. 웅진씽크빅의 해피메이커는 해마다 각 사업본부 및 사업단별로 1명씩 선발하여 매년 10여 명이 활동하고 있으며, 전사적인 활동 이외에도 '아침식사 함께하기', '본부 식구의 날 운영', '미혼 사원 미팅 주선' 등 각 본부별 신바람 활동도 함께 펼치고 있다. 이렇게 각 본부의 신기를 일으키기 위해 자체적으로 다양한 활동과 이벤트를 기획, 실행하고 이 결과는 매월 정기적인 워크숍을 통해 각 팀의 활동자랑 및 피드백으로 공유된다.

해피메이커는 '본부 식구를 행복하게 하는 리더'로 역할정의하고 있다. 2010년 활동에 대해 개선점을 도출해서 2011년도는 'Another 30' 비전선포와 함께 기업문화 전파 활동을 함께 하고 있다. 즉 해피메이커는 '웅진 가치 전파가'로서, 이벤트 또는 행사를 통해 'Another 30' 비전과 웅진 가치를 식구들에게 전파하고, 이는 인재개발팀 'Another Great 30' 과정과 병행하여 진행한다. 또한 해피메이커는 '코디네이터'로서, 본부장 인터뷰를 통해 본부의 2011년 본부 소통 키워드를 도출하고 이를 전파하기 위한 활동을 계획한다. 이때 전사적으로 분기별 주제를 정하여 진행하며, 본부의 활동 내용은 본부의 자율권에 맡긴다. 마지막으로 해피메이커는 '커뮤니케이터(communicator)'로서, 본부장과 본부 식구, 전사와 본부, 본부와 본부 간의 커뮤니케이터 역할을 한다. 이때 식구 전체 대상 행사를 진행할 시에는 커뮤니케이션의 본부 대표 역할을 한다.

2011년은 해피메이커의 전사활동과 본부 내 활동을 조화시켜 회사의 신기문화를 강화시키는 방향으로 추진 중인데, 우선 'Another Great 30' 웅진 가치 전파를 위해, 비전과 웅진 가치 전파를 위한 본부 내 실천 이벤트 활동을 벌이고 본부별 실천활동에 대한 온라인 메시지를 발송하며 핵심가치 뉴스레터를 게시하고자 한다. 또한 전사차원 활동으로는 사내커뮤니케이션과 연계한 전사활동, 전사 봉사활동, 연말 불우이웃 돕기 자선행사를 추진 중이며, 본부차원 활동으로는 본부 내 월별 계획에 의한 활동과 각 본부별 실천계획 수립을 추진 중에 있다. 그리고 분기별 전사 주제에 맞추어 본부활동과 전사활동을 계획하는데, 2011년 1~3월에는 '소통', 4~6월에는 '감사', 7~9월에는 'Valuable & Heart', 10~12월에는 'Smart & Heart'를 주제로 삼고 있다.

2) 행복마당

행복마당은 웅진씽크빅 본사 직원들을 대상으로 매월 1회 첫째 주에 열리는 월례조회로, 전 임직원이 함께 회사의 경영 정보를 공유하고 조직 간의 화합, 식구문화의 확산을 촉진하는 신바람 나는 커뮤니케이션의 장이다. 경

〈그림 Ⅲ-16〉 해피메이커 활동사례: 2010년 활동 점검 및 개선사항

2010년 활동현황 및 문제점

✓이노홀릭 Cong으로 연계하여 주 1회 미팅이 형식적으로 이루어짐.

- 일정 본부 해피메이커의 잦은 출장.
- 미참석 해피메이커로 지속적 학습진행의 어려움.

✓미 활동 본부가 발생함.

- ○○조직과 ○○조직의 경우 담당자의 과한 업무로 활동이 이루어지지 않음.

✓전사활동이 이루어지지 않음.

- 사내 커뮤니케이션과의 업무 중복으로 전사활동을 별도로 진행하지 않음.

2011년 개선사항

1	월 1회 정례워크숍	월 1회 정례 워크숍을 진행하며, 전월 활동, 당월 계획 공유와 함께 해피메이커 활동에 필요한 타사 사례 공유 등 학습을 병행할 계획임.
2	전체 본부 활동 점검	연간 계획서를 완료한 후, 업무로 인해 진행이 미진한 본부에 대하여 철저히 피드백하며, 상하반기 그룹 조직진단에 대한 실천계획 및 실행을 강화할 계획임.
3	계획된 전사활동	사내 커뮤니케이션 담당자와 협의 후 전사 활동을 미리 계획하여 활동하며, Another 30 비전과 웅진 가치 전파활동을 계획함.

〈그림 Ⅲ-17〉 행복마당

영실적 발표, 인사 · 교육 등 경영사항 소개, 신바람 이벤트, CEO 말씀 등으로 구성된다. 2007년부터는 회사의 일방향적 커뮤니케이션이 아닌 직원들이 직접 진행하고 참여하는 형태의 양방향적인 소통의 장으로 진행하고 있다. 업무에 지장을 주지 않기 위해 오후시간(4시 이후)을 할애하여 회사뉴스, 도전씽크벨, 청바지데이(장기자랑), 이웃돕기 바자회, 가족 영상편지 등을 시행하였다.

일반적인 딱딱한 월례조회 형식을 탈피한 성격을 지니고, 회사 정보 공유를 넘어 직원들의 적극적인 참여를 통한 소통을 유도하는 자리인 만큼(월간인사관리, 2011), 많은 칭찬들이 오가게 되며 웅진씽크빅만의 고유한 이슈들이 나누어진다. 이 행복마당 자리에 참여해야지만 알 수 있는 정보가 있기 때문에 직원들이 참여할 수밖에 없도록 만드는, 자발적 참여를 유도한다는 점에서 그 탁월함이 돋보인다.

3) Say Yes

긍정적인 기업문화 만들기를 위해 2009년 10월부터 '긍정으로 할 수 있다'를 슬로건으로 한 'Say Yes' 캠페인을 시작하였다. 포스터와 광고 게시, 직원 사례 발표, 온라인 커뮤니티 운영 등 다양한 활동을 진행하고 있다. 지속적으로 캠페인을 전개하여 '할 수 있다'는 자신감, 상대를 이해하는 소통, 최고의 성과를 위한 열정이라는 긍정의 힘을 전사적으로 확산, 긍정의 기업문화를 만들어갈 계획이다.

4) 쎄쎄쎄

자유로운 수직적 의사소통을 위해 2009년 7월부터 '쎄쎄쎄(Say Say Say)'라는 프로그램을 진행하고 있다. 매월 1회씩 CEO와 약 10명의 직원들이 등산, 영화 · 연극 관람 등을 함께 하는 쎄쎄쎄를 통해 회사와 업무, 조직문화 등에 대해 대화를 나누며 서로의 생각을 공유하는 시간을 가지고 있다.

5) 사내보

각 조직의 특성에 맞는 온라인 사내보를 제작하여 경영정보의 공유는 물론 직원들 간의 원활한 교류와 공감대 형성을 지원하고 있다. 본사 직원을 대상으로 '비전 뉴스레터(Vision Newsletter)'를, 교육문화사업본부 임직원과 씽크빅 교사를 대상으로 '씽크빅'을, 미래교육사업본부 임직원, 다책교사, 홈스쿨교사를 대상으로 '다책나무'를 매월 발간하고 있으며, 매월 40여 종의 신간소식을 전하는 'BOOKING'을 발간하여 임직원 간 정보를 공유하고 있다.

웅진씽크빅의 온라인 사내보는 직원 자신이 직접 참여하여 사보를 만드는 것으로 운영되기 때문에, 회사내 다양한 뉴스를 직원들에게 전해주는 일반 사보와는 차별화된다. 직원들이 직접 필진으로 참여하여 상호간 이야기를 나누는 공간이 된 것이다(월간인사관리, 2011).

6) 인트라넷

인트라넷을 이용한 임직원들 간의 커뮤니케이션도 활발히 이루어지고 있다. 임직원 커뮤니케이션을 위한 인트라넷인 Blue Note, 인사정보 조회, 노사협의회 사이트 등 다양한 채널로 운영되고 있다. 2008년부터 사내 메신저인 'E-MATE ON'을 개발하여 운영함으로써 웅진씽크빅 임직원들 간은 물론 웅진의 모든 계열사 임직원들 간의 커뮤니케이션이 가능해졌다. 이와 함께 사내 인트라넷과 웅진씽크빅 사이트, 웅진교사 사이트 등 온라인 사이트를 통해 급여, 복리후생, 인사, 개인문제 등 다양한 고충 처리를 신청할 수 있다.

7) 웅진교사 온라인 사이트

웅진교사인 씽크빅, 다책, 홈스쿨, 영어, 스쿨교사들과의 원활한 커뮤니케이션과 신속한 의사결정을 위해 '씽크빅교사 사이트', '웅진e다책나무' 등을 운영하고 있다. 온라인 사이트를 통해 웅진교사들은 교사 간의 커뮤니케이션, 교사와 회사 간의 커뮤니케이션은 물론 입회, 회원관리 등 업무처리도 함께 진행하고 있다.

웅진씽크빅의 인재개발 부문은 웅진씽크빅의 조직문화 혁신과 조직활성화에 많은 기여를 하였고 큰 버팀목이 되어주고 있다. 어떠한 제도를 시행하더라도 어떻게 하면 직원들이 보다 공감하고 애착을 가질 수 있을지를 고민하기 때문에 직원들도 관심을 갖고 적극 참여하게 된다. 제도의 명칭부터 의미를 부여하고 유연하고 친근하게 다가가는 것이다. 그밖에 인재개발팀의 운영 계획은, 우선 팀원들의 전문역량을 강화시키고자 하며 해외사업 진출을 위해 글로벌 인재를 육성하려 노력 중이다(월간인사관리, 2011).

이상 지금까지의 내용은 상당부분 『서른살의 웅진이야기』와 『웅진씽크빅 2009 지속가능경영 보고서』를 참고하였다.

제 IV 장

웅진씽크빅의 양손잡이 조직으로서의 특징 및 미래 전략

웅진은 늘 창의성을 강조하던 기업이다. 웅진의 역사를 살펴보면, 우리 것을 강조하며 창조기업으로 나아가기 위한 기반이 초기부터 자리잡고 있는 것을 알 수 있다. 또한 모든 혁신시스템이나 인사제도는 웅진의 기본 정신인 또또사랑과 신기문화와 연결되어 있어, 이러한 기업의 핵심 가치를 기반으로 혁신 문화가 형성되고 있는 것을 볼 수 있다. 그리고 혁신 시스템을 만들어 나갈 때 외국 기업들을 벤치마킹하기도 했는데, 웅진씽크빅은 단지 벤치마킹에서 그치지 않고 그것을 웅진씽크빅의 문화와 조합하여 씽크빅만의 차별화되고 독특한 시스템으로 재창조하였다.

지금까지 살펴본 웅진씽크빅의 역사와 문화, 혁신활동, 인재개발제도 등을 종합하여 생각해보면, 이 모든 것이 어우러져 조화를 이루며 웅진씽크빅을 혁신과 창조 기업으로 만들어 가고 있는 것을 알 수 있다. 본 장에서는 혁신조직으로서의 웅진씽크빅이 어떠한 특징을 가지고 있는지 보다 구체적으로 종합해보고, 발전적인 방향을 생각해볼 수 있을 것이다.

1 활용형 혁신과 탐험형 혁신

혁신은 점진적 · 활용형 혁신(exploitation)과 급진적 · 탐험형 혁신(exploration)으로 구분된다. 활용형 혁신은 기존에 하던 활동, 기존의 지식기반을 더욱 깊게 해주고, 기존의 것들을 개선하고 생산성과 효율성을 높이는 것을 말한다(March, 1991; Mom et al., 2007). 즉, 조직의 기존 지식이나 역량, 기술, 프로세스, 제품 등을 개선하고 적용하는 것을 의미한다(March, 1991). 그리고 점진적인 혁신은 주로 단기적 관점을 가지고 실행하게 된다(Tushman & O'Reilly, 1996).

탐험형 혁신(exploration)은 기존의 활동과 지식기반을 보다 넓게 확장시킨다. 즉 위험을 감수하고 보다 큰 변화를 일으키며 새로운 것들을 탐색, 실험, 발견한다. 이는 보다 유연성을 지닌 혁신이다(March, 1991; Mom et al., 2007). 예를 들어 새로운 조직 규범이나 구조, 시스템을 탐색한다든지(Crossan et al., 1999), 기술, 사업과정, 시장 등에 대해 새로운 접근법을 취하고(McGrath, 2001) 보다 장기적 관점에서 혁신을 수행하게 된다(Tushman & O'Reilly, 1996).

2 양손잡이 조직

앞서 말한 두 가지의 혁신을 모두 취하는 조직을 연구자들은 양손잡이 조직이라고 부른다. 일반적으로 오른손잡이 조직이 활용형 혁신, 왼손잡이 조직이 탐험형 혁신과 관련이 있다. 웅진씽크빅은 각 시기와 상황에 맞춰 활용형, 탐험형 혁신을 혼합하여 진행하였다.

양손잡이 조직은 크게 구조적 양손잡이(structural ambidexterity)와 맥락적/상황적 양손잡이(contextual ambidexterity)로 구분할 수 있다. 구조적 양손잡이 조직은 탐험형 혁신활동을 위해 기존 조직과는 별도로 조직구조, 운영시스템, 조직문화, 작업공간 등 조직체계를 독립하여 운영한다(장성근, 2010). 회사 내에 활용형 혁신을 추구하는 기존 사업 조직과 탐험적 혁신을 추구하는 새로운 조직이 분리되어 운영되는 것이다(Raisch et al., 2009; Tushman & O'Reilly, 1996). 즉, 웅진씽크빅의 경우 신사업 중심의 혁신활동을 전담하는 이노오션 그룹이 구조적 양손잡이 조직의 형태를 취하고 있다고 볼 수 있다. 또한 이노밸리 제도를 통해 참신한 벤처사업에 투자하고 벤처팀을 구성해 사업에 착수하고 있는데, 이렇게 이노오션 그룹과 이노밸리를 통해 급진적이고 모험적인 신사업만을 전담하는 조직을 따로 구성하고 있다.

반면 맥락적 양손잡이 조직은 조직의 구성원들이 기존의 일상 · 반복적인 활동들과 새로운 탐험적 활동들 간에 적절한 시간배분을 함으로써 이 두 가지 활동들을 모두 달성하게끔 하는 조직이다(Gibson & Birkinshaw, 2004; Jansen et al., 2008). 맥락적 양손잡이 조직은, 이러한 두 혁신을 모두 달성하는 역량을 지니게 하고, 사업 단위 성과를 창출하기 위한 맥락(context)을 형성하기 위해 잘 선택된 시스템과 프로세스를 만들어감으로써 달성된다(Gibson & Birkinshaw, 2004). 웅진씽크빅은, 조직 전체적으로 구성원들의 혁신적 성향을 높이기 위한 노력을 기울이고 있다. 혁신의 일상화와 문화화를 통해 구성원 개개인이 창조적 역량을 키울 수 있도록 여러 가지 시스템을 만들어가고 있다. 기존 업무는 물론 이에 더하여 창조적인 사고를 하게끔 하기 위해 많은 지원이 이루어지고 혁신과 업무의 경계를 줄이고 혁신을 체화시키기 위한 노력을 기울이고 있는 것이다.

맥락적 양손잡이는 구조적 양손잡이와 상호보완적인 관계를 지닌다(Jansen et al., 2008). 주목할 만한 것은, 웅진씽크빅은 이러한 구조적 양손잡이 조직을 지니고 있으면서 동시에 조직 전체적으로는 맥락적 양손잡이 조직으로서의 특성을 훌륭히 갖추고 있다는 점이다. 이제부터 구조적 양손잡이와 맥락적 양손잡이 두 가지 측면에서 웅진씽크빅을 고찰해보도록 한다.

1) 맥락적/상황적 양면성(contextual ambidexterity)

맥락적 양손잡이 조직의 특징은 구성원들이 활용과 탐험형 혁신을 모두 이루어낼 수 있는 역량을 지니고 이러한 두 가지 활동의 균형을 유지할 수 있도록 조직 맥락과 환경을 조성해주는 것이다(Gibson & Birkinshaw, 2004).

맥락적 양면성을 달성하기 위한, 즉 구성원들의 혁신적 성향을 높이기 위해 형성해주어야 할 조직의 맥락(상황)을 Gibson & Birkinshaw(2004)는 다음 네 가지로 분류하고 있다.

첫째, '훈련(discipline)'으로써, 이는 구성원들이 도전적인 목표나 성과 달성을 위해 노력할 수 있도록 조직의 상황이나 시스템을 조성해 주는 것이다. 성과와 행동에 대한 명확한 기준, 개방적이고 정직하며 신속한 피드백, 제재를 적용할 시의 일관성 등을 잘 수립함으로 인해 '훈련'의 조직상황을 만들어 갈 수 있다(Gibson & Birkinshaw, 2004; Ghoshal & Bartlett, 1994). 행동 기준이나 피드백, 규율 등을 만들어 가는 평가나 보상 시스템 등을 어떻게 가져가는지에 따라 훈련의 맥락이 달라질 수 있다.

둘째, '확장(stretch)'으로써, 이것은 개개인이 보다 높은 수준의 목표를 달성하게끔 하기 위해, 개인적 수준의 성과달성에 더하여 다른 사람들과 함께 더욱 야심적인 목표를 위해 노력할 수 있게끔 해주는 맥락이다(Gibson & Birkinshaw, 2004; Ghoshal & Bartlett, 1994). 공유의 비전과 공동의 정체성을 수립하게끔 하고, 조직 목표 기여에 대해 의미를 부여해 주는 것들이 '확장'의 상황을 달성하는 데 도움을 줄 수 있다(Gibson & Birkinshaw, 2004). 즉, 구성원들을 좀더 높은 수준으로 끌어올리기 위해 공유 비전, 집단 정체성, 개인적 의미부여 등의 방법들을 활용할 수 있는 것이다.

셋째, '지원(support)'으로써, 이는 본인 부서 이외의 조직 자원에도 보다 용이하게 접근하게끔 하고 경영진이 통제보다는 도움을 제공하여 구성원들의 자율을 보장해주는 것이다(Ghoshal & Bartlett, 1994). 즉, 구성원들이 서로에게 도움과 지지를 주도록 유도하는 맥락이다(Gibson & Birkinshaw, 2004). 다른 이들의 자원에 접근 가능케 하고, 하위 계층에서도 주도권의 자유가 주어지며, 고위급 간부들은 권위를 앞세우기보다는 구성원들을 돕고 이끌어주는데 우선 순위를 두는 것들이 지원(support)의 맥락을 만들어갈 수 있다(Gibson & Birkinshaw, 2004). 조직에서 제공하는 교육이나 코칭 등이 이에 해당할 수 있다.

넷째, '신뢰(trust)'로, 구성원들이 서로를 신뢰하는 환경을 만들어주는 것이다. 조직 의사결정 과정의 공정성, 구성원들의 의사결정 · 핵심활동 참여, 각 채용 위치에 적합한 역량을 가진 사람들의 존재 등이 신뢰적 조직맥락 형성에 도움을 줄 수 있다(Gibson & Birkinshaw, 2004; Ghoshal & Bartlett, 1994). 그리고 이 네 가지 맥락은 상호의존적이다(Ghoshal & Bartlett, 1994).

웅진씽크빅에는 혁신을 일상화하고 자랑하는 문화가 자리잡고 있다. 이러한 문화를 형성시키기 위해, 그리고 구성원들의 양손잡이 역할, 혁신적 성향을 증대시키기 위해 웅진씽크빅에서 각 네 가지 맥락을 어떻게 만들어가고 있는지 지금까지의 내용을 종합하여 분석해보도록 한다.

(1) 훈련(discipline)의 맥락

웅진씽크빅은 다음과 같은 제도나 시스템을 통해 '훈련'의 맥락을 잘 형성하고 있다.

① 상상오션

상상오션은 모든 구성원들이 자유롭게 창의적인 제안을 하도록 유도함으로써, 개개인의 혁신적 목표를 달성케 하고 혁신 역량을 증대시킨다. 또한 상상오션을 통해 나온 아이디어를 인정해주고 신속하게 평가해줌으로써 본인의 아이디어에 대한 적절한 피드백을 받을 수 있다. 공정한 심사를 통해 훌륭한 아이디어에 대해서는 포상도 받게 되며 그밖에 온라인 마일리지 등을 통해 보상을 받게 된다. 상상오션 활동과 그에 적절한 보상을 통해 웅진씽크빅 구성원들은 더욱 창의적인 사고를 하게 된다.

② 혁신인프라체계

혁신통합시스템 IIS와 이노액션 시스템을 통해 혁신 이슈를 가시화시키고 혁신활동을 점검, 관리하며, 소통을 통해 적절한 피드백을 주게 된다. 혁신활동 신호등 체계를 통해 혁신활동을 모니터링할 수 있고 혁신 소통 코너를 통해 칭찬이나 격려도 받을 수 있다. 웅진씽크빅의 혁신인프라체계는 적절한 정보 공유와 소통을 통해 혁신 과제 등의 성과 · 목표를 더욱 잘 달성할 수 있도록 도와준다.

③ 혁신 성과 평가

이노오션 그룹 성과 평가, 본부 혁신과제 평가, 상상오션 성과 평가 등에 대해 적절한 기준을 가지고 일관된 평가를 하고 있다. 또한 개개인의 전체 성과 평가시에도 혁신활동이 일정한 비중을 차지하여 혁신 성과를 높이게끔 하고 있다.

④ 혁신 보상

혁신활동에 대해 현금, 벤치마킹, 승진 가산점, 6대사랑 보상제도 등으로 보상해준다. 이 중 특히 웅진씽크빅만의 독특하고 돋보이는 보상 방식은 6대사랑 배지 보상 제도이다. 이것은 당장의 금전적인 보상보다 장기적으로 더 효과적일 수 있는 보상 방식이다. 부드로와 라카니(Boudreau & Lakhani, 2009)는 현명한 기업들은 물질적인 동인보다는 사회적이나 개인적 재량 노력 동인을 강조한다고 하였다. 또한 버킨쇼 외(Birkinshaw et al., 2011)도 혁신을 위해 반드시 금전적인 대가를 지불할 필요는 없다고 주장하였다. 혁신 자체가 본질적으로 재미있는 과정이기 때문에 혁신에 노력을 투입한 사람들을 인정해 주고 그에 걸맞는 지위를 주면 된다는 것이다. UBS투자은행의 경우 혁신을 책임지고 있는 UBS의 경영진은 다음과 같이 이야기했다. "자신의 아이디어를 제시할 기회를 얻은 직원들이 엄청난 개인적 보상을 느낀다는 사실을 발견했다. 실험해본 결과 금전적인 보상이 별다른 차이를 만들어내지 못했다. 직원들은 자신들이 내어놓은 아이디어를 인정받는 것 자체가 보상이라고 얘기했다. 직원들은 혁신에 개입하고 참여하기를 원했다." (Birkinshaw et al., 2011). 따라서 배지제도는 금전적인 보상 대신에, 더욱 명예롭고 상징적으로 회사의 가치와도 연결시켜 보상을 해 주고 직원들의 참여를 유도하는 효과적인 제도이다.

⑤ 인사평가

웅진의 그룹 표준 역량 체계의 구조를 살펴보면, 여기에 혁신을 중요한 역량으로 포함시키고 있다. 또한 혁신에 대한 역량 평가 기준이 있다. 역량 평가에서 여러 항목 중 '혁신'항목의 예를 들어 보면, 사원급의 혁신 행동 정의는 "다양한 관점과 시도를 환영한다"이며, 행동지표는 "다른 사람의 다양한 의견과 시도에 대해 개방적인 태도를 갖는다", 그리고 "팀 회의나 업무수행 시 새로운 시각으로 다양한 의견이나 아이디어를 제시한다"로 구성되어 있다. 대리급에서의 혁신 항목 정의는 "기존의 것에 지속적으로 도전한다"이며, 행동 지표는 "본인의 맡은 업무의 프로세스와 시스템이 최고 수준 대비 어느 정도인지 파악한다", "기존 방식에 변화가 필요한 부분을 지속적으로 찾아내어 적용 가능한 대안을 제시한다"로 구성되어 있다. 과/차/부장급에서의 정의는 "혁신을 실제화한다", 이며 과/차/부장급에서의 최고수준은 "개인을 넘어 팀 차원에서의 혁신을 실제화한다"로 정의하고 있다. 그밖의 행동지표는 〈그림 Ⅲ-14〉에서 볼 수 있다. 이렇게 평가제도에 혁신 항목을 포함시켜 혁신 성과를 달성하게끔 한다.

(2) 확장(stretch)의 맥락

① 또또사랑과 신기문화

공유의 비전과 정체성을 가지고, 더 높은 혁신 목표를 위해 다른 사람들과 함께 노력하도록 만드는 데에는 또또사랑과 신기문화가 그 출발점이자 중요한 뿌리가 되고 있다. 웅진은 모든 활동과 시스템에 경영정신과 문화, 인사철학이 담겨 있고 그것을 일관되게 가져가고 있는 것을 볼 수 있다. 또또사랑이나 신기문화의 웅진의 기본 정신은 조직의 모든 영역에서 그 흐름이 이어진다. 예를 들어 웅진씽크빅의 코칭제도는 신기문화를 기반으로 한 "신기코칭"이며, 독서토론회 역시 신기와 소통을 강조한 "신기통통"이다. 해피메이커, 행복마당 등에서도 이러한 웅진의 기본 정신을 엿볼 수 있다. 이렇게 또또사랑과 신기문화는 웅진의 공유 비전이자 집단 정체성을 형성하는 것으로, 각자가 하는 일에 대해서도 개인적 의미를 부여할 수 있다.

② 본부혁신과제와 5S연구회, 지우잡

이 혁신활동들은 혼자만이 하는 것이 아니라 팀으로 함께 해 나가며, 각 활동들이 가진 목표를 구성원들과 공유하며 보다 높은 수준의 혁신 성과에 기여할 수 있다.

③ 행가래

행가래를 통해 서로의 일을 공유하고 협력을 도모한다. 또한 업무와 목표 가시화를 통해 계속해서 본인의 활동을 생각하고 계획 및 목표수립을 하게 되므로 일에 대해 더욱 의미부여 하게 되며 서로 간의 소통의 질도 높아진다.

⑤ 행복마당

정보를 공유하고 식구문화를 느끼는 화합의 장에서 구성원들의 자발적인 참여가 증진된다.

⑥ 이노페스티벌

이노페스티벌은 혁신을 체계화시키는 장이며, '세계 1등' 과제나 상징물을 통해 세계 1등 전략을 구성원들에게 여러 번 상기시켜 혁신 아이디어를 실행하고 성취하는 단계까지 이르게끔 한다.

⑦ 이노홀릭

현업 외의 개인적 창의적 활동을 지원해 줌으로써 흥미를 유발시켜 업무 몰입과 동기부여에 큰 도움을 줄 수 있다. 또한 본인이 속해 있는 팀 외의 사람들과 공유함으로써 더욱 색다르고 도전적인 목표를 위해 노력할 수 있게 된다.

⑧ 배지제도

개인뿐 아니라 팀 활동을 잘 할 때 6대사랑 배지를 모을 수 있기 때문에 자연스럽게 적극적인 팀 활동을 유도한다. 또한 여섯 가지의 배지가 각각 의미하는 것이 다르기 때문에, 그것을 수여받았을 때 본인의 활동에 대해 의미를 부여할 수 있다.

⑨ 신기통통

개인의 역량 증대는 물론, 서로간의 깊이 있는 대화를 통해 긍정적인 소통을 확대시키고 조직의 신기를 불러일으키고자 한다.

(3) 지원(support)의 맥락

① CA 와 FT

혁신을 촉진시키고 혁신활동을 지원하며 혁신과제 진행을 돕는 역할로, 혁신 흐름을 이끌어주고 서로 도울 수 있도록 방향을 잡아준다. CA와 FT가 '지원'의 맥락을 형성하는 데 큰 역할을 하는 것으로 보인다.

② 행가래

계속해서 업무 공유와 소통이 이루어지므로, 서로의 부족한 부분이나 어려운 점을 도울 수 있게 된다.

③ 혁신 인프라 체계

많은 정보와 지식이 공유되기 때문에 구성원들이 필요한 자원에 접근할 수 있다.

④ 교육

W-TPS 교육, 혁신전문가교육, 벤치마킹교육 등의 혁신 교육과 리더십·멘토링 교육 등의 다양한 교육이 이루어진다. 웅진은 반절은 일하고 반절은 교육하라는 말이 있을 정도로 교육을 중시하고 많은 시간을 교육에 할애하는 기업이다. 웅진그룹의 인재개발원은 교육과 지원이 이루어지는 대표적인 장이다.

⑤ 사내교수 배움마루

모든 계층의 구성원들에게 주도권을 가지고 교육에 참여할 수 있게끔 한다. 본인의 재능을 살릴 수 있도록 해주고, 서로의 자원에 접근할 수 있는 기회를 준다.

⑥ 신기코칭

또또사랑의 핵심 가치를 기반으로 코칭 지원이 이루어진다.

⑦ 해피메이커

서로 돕게 하고, 코디네이터이며 커뮤니케이터이자, 신바람을 전달하는 또 하나의 조력자로서, 웅진 가치 전파와 지원적 분위기를 형성하는 데 기여한다.

(4) 신뢰(trust)의 맥락

① 좋터만 위원회

입사 2~3년 차의 젊은 사원들에게도 적극적인 의사결정 참여의 기회를 주고 안건을 즉시 실행하며, 대표이사 직속 조직으로 구성하기 때문에 구성원들의 참여 의식을 높이고 서로 신뢰하는 환경을 형성한다.

② 쎄쎄쎄

직원들이 CEO와 소통할 수 있는 통로를 마련해주어, 수직적 의사소통을 가능하게끔 하여 서로 신뢰하는 분위기 형성에 도움을 준다.

이 밖에도 웅진씽크빅은 조직 전체적으로 자유롭게 의견을 개진하는 분위기를 가지고 있으며, 아래에서 위로 올라가는 의견 개진 방식이 잘 형성되어 있다.

이와 같이 웅진씽크빅은 조직구성원들의 혁신 역량을 증대시키기 위해, 각 네 가지 맥락을 잘 만들어감으로써 맥락적 양면성을 지닌 혁신 조직으로서의 자질을 계속해서 키워나가고 있다.

2) 구조적 양면성(structural ambidexterity)

앞서 언급했듯이, 웅진씽크빅은 구조적 양손잡이 조직의 특징도 가지고 있다. 대표적으로 이노오션 그룹은, 급진적이고 모험적인 신사업을 전담하는 조직으로 기존 조직과는 별도로 운영된다. 특히 2011년에는 신규사업이나 신성장 동력 확보 과제에 초점을 두고 있다. 즉 이노오션그룹은 전형적인 왼손잡이 조직이라고 할 수 있다.

이노오션에는 다양한 사업 부문의 다양한 직급의 직원이 모이고, 서열을 파괴하며 수평적 구조를 가지고 있다. 또한 투명하고 체계적인 프로세스가 있다. CEO를 비롯해 각 사업본부의 본부장, 팀장들이 모이는 이노오션 그룹의 성과 발표회는 아이디어 선정 과정의 투명성을 유지하면서 각 부서와 사업부 간의 협업을 촉진시키는 효과도 있다(신수정 · 김도균, 2010). 이노오션에서의 평가, 보상은 과제를 중심으로 이루어지고, 사업 수익성을 고려하여 우수과제를 선출한다.

이노밸리 역시 신규사업, 벤처사업을 개발하는 제도이며 회사 차원에서 여기에 지원을 아끼지 않고 있다.

특히 이러한 신사업을 추진하는 데 있어서 최봉수 대표의 의지가 크게 작용하고 있다. 특별히 이노오션 그룹에 전폭적인 지지를 아끼지 않는다. 웅진씽크빅의 혁신 활동들은 2009년에 가시화되고 더욱 부각되기 시작했는데, 최봉수 대표는 혁신 의지를 경영 의지로 천명했다. 부임 최초의 경영 워크숍 시 주제를 혁신경영워크숍으로 하며 혁신을 강조할 정도였다. 특히 2009년도의 혁신 슬로건은 빠르게 배우자, 빠르게 실행하자, 자랑하자였으며 이러한 것들을 실행하고자 했다.

급진적이고 유연한 혁신이 중심이 되는 왼손잡이 조직은, 분리된 조직 구조를 지니고 평가와 보상에 있어서도 기존의 조직과는 차별화된 제도를 적용할 필요가 있다(장성근, 2010). 신사업 조직은 관료적인 시스템 하에서는 기존 사업 부문에 스트레스와 불안감을 가중시킬 수 있어, 신사업을 위한 독자적인 조직 체계를 갖추어 나가는 것이 좋다(황인경, 2011). 오라일리 3세와 투스만(O'Reilly III & Tushman, 2004)도 기존의 관료적 조직 시스템과 신규 사업을 위한 조직 시스템은 공존하기 어려우며, 따라서 별도의 시스템으로 구분해서 운영하는 것이 필요하다고 주장했다. 김영배 교수는 이렇게 조직을 분리하는 이유는 두 사업의 특성이 다르기 때문에 각각의 특수성에 맞게 경영방식을 차별화하고 두 조직 사이의 갈등을 방지해야 하기 때문이라고 했다(김남국, 2009).

이 문제에 대해 장성근(2010)은 매우 유용한 논의를 제공하고 있다. 그에 의하면 별도 조직의 관리는 기존 조직의 관리와 여러 면에서 다를 수밖에 없다. 예를 들어 성과 평가기간을 1년이 아닌 3~5년으로 늘리고, 활동 기간 내 전사적 평균 성과와 연동하여 보상을 하되 가시적인 성과를 창출했을 때 파격적인 보상을 실시하는 것을 들 수 있다. 이는 이미 출시되고 검증된 신제품의 개선에 치중하면서 단기성과를 추구하고, 많은 시간과 비용, 위험이 따르는 혁신적 신제품 개발을 기피하는 일반적인 기존조직과는 다른 특징을 지닌다.

그러나 왼손잡이 조직으로 인해 조직이 이원화된다든지, 기존사업과 유기적으로 연계되어 진행되지 않는다면 고객을 위한 가치 창조나 신제품 개발에 실패할 가능성이 있다. 또한 왼손잡이 조직은 단기적으로는 가시적인 성과를 내지 못할 가능성이 크기 때문에 조직구성원들의 불만을 초래할 수 있다.

따라서 이러한 문제를 극복하기 위해서는 고위 경영층의 지속적인 관심과 지원이 필요하고 기존 조직과 새로운 왼손잡이 조직간의 원활한 협력과 조정을 이끄는 것이 중요하다. 또한 왼손잡이 조직과 오른손잡이 조직의 구성원들이 자주 만나서 커뮤니케이션 할 수 있어야 하고 정기적인 인력 교류 등을 통해 분리되어 운영되는 조직이 전사 관점에서 발전적으로 통합될 수 있도록 노력하는 작업이 필요하다.

양손잡이 조직을 구축한 외국 기업들의 사례를 들어보면, 콘택트렌즈 제조업체인 시바비전(Ciba Vision)은 1991년 기존조직과는 독립적으로 혁신적 신제품개발만을 전담하는 새로운 조직을 도입했다. 새로운 조직은 연구개발, 재무, 마케팅 기능을 독립적으로 보유하고 채용, 평가, 보상 등의 인력관리 또한 별도로 이루어지도록 하였다. 그리고 이원화된 조직이 유기적으로 협력하며 시너지를 내도록 하기 위해, 신제품개발조직의 프로젝트 리더들이 기존조직과 새로운 조직 간 협력/조정을 이끄는 연구개발부문 부회장에게 보고하도록 하였다. 또한 신제품개발조직에 속한 프로젝트 리더들은 기존 사업부 책임자들과 함께 경영회의에 참석하여 주요 이슈들을 함께 논의하도록 하였다. 이러한 방식으로 양손잡이 조직을 약 10년간 운영한 결과, 많은 혁신적 신제품 개발은 물론 매출 또한 3억 달러에서 10억 달러로 크게 증가하여 강력한 경쟁사인 존슨앤존슨(Johnson & Johnson)을 제치고 업계 1위 기업이 되었다. 이와 같이 장성근(2010)의 연구에서 양손잡이 조직을 어떻게 운영해야 할지에 관한 적절한 지침을 배울 수 있다.

또한 황인경(2011)에 의하면, 신사업은 장기적 관점에서 바라볼 필요가 있으므로 신사업 조직의 활성화를 위해서는 우선 성장단계를 고려한 마일스톤(milestone) 평가에 따른 보상을 고려해볼 수 있다. 즉, 신사업의 경우 재무적 성과에 기반하여 평가하기가 쉽지 않으므로, 주요 마일스톤(생산수율 달성, 고객 계약 체결, 선적 등)을 설정한 후 이를 달성 시 보상해주는 방식을 고려해볼 수 있는 것이다. 또한, 성과 평가와 보상을 시장 성공과 연계시키는 방법이 있다. 한 예로 미국 식품업체 DCA Food Industries는 이익이 나지 않는 동안에는 특별 인센티브를 부여하지 않는데, 이익이 발생하기 시작하면 그 시점부터 5년간 이익의 약 20%를 보너스로 제공한다. 이익이 높아질수록 성과급이 높아지도록 설계되어 있기 때문에, 당장의 성과가 없더라도 미래의 보상을 기대하며 일할 수 있게끔 한다. 이렇게 황인경(2011)은 신사업 조직의 보상 방식에 대한 아이디어를 제시했다.

송재용(2011)은 윈손잡이 조직의 대표적 사례로 삼성을 제시했다. 삼성의 경우 전통적으로 창조적 혁신을 추진하는 조직으로 종합기술원을 운영해왔다. 이는 제록스의 팔로알토리서치센터나 AT&T의 벨연구소와 유사한, 중장기 연구개발을 담당하는 윈손잡이 조직이었다. 2010년에는 삼성리서치파크를 선포하면서 좀더 개방적인 환경 아래 연구 인프라의 혁신 등을 통해 미래 신성장동력 창출을 위한 과제에 도전하게 되었다. 또한 삼성은 소프트웨어, 콘텐츠 측면의 경쟁력 강화를 위해 전사 차원에서 영상사업단, 디지털솔루션센터, 미디어솔루션센터라는 조직을 만들었는데 이들도 전형적인 윈손잡이 조직이라고 할 수 있다. 이렇게 송재용(2011)이 제시한 삼성의 사례 외에, 별도의 신사업 발굴 조직을 가동한 외국 기업들의 사례는 다음과 같다.

IBM의 EBO

IBM도 신사업 발굴을 위해 별도의 조직인 EBO(emerging business organization)를 운영하고 있다. EBO는 경영진의 위기의식으로부터 출발했다(이안재, 2008).

1999년 9월, IBM의 CEO 루거스너는 IBM이 신사업 기회를 계속 놓치는 문제의 원인이 성숙시장, 즉 기존사업에 대한 과도한 몰입과 집착이 새로운 사업으로의 진입을 가로막는 데 있다는 것을 파악했다.

이에 따라 IBM은 성숙된 기존사업에서의 성공과 함께 신사업 기회의 발굴을 통한 새로운 사업을 창출하는 방안으로 2000년에 EBO를 만들어 운영한다. 즉, IBM은 사업을 현재 핵심이 되는 성숙사업, 성장사업, 그리고 미래에 성장 가능성이 높은 신사업으로 구분하고 사업별 조직운영 및 관리방식을 차별화하였다. 미래 사업을 집중 육성하는 EBO를 만들어 미래 성장사업이 될 만한 유망 신사업 아이템을 발굴하고 체계적인 육성을 도모하였다.

• EBO 선정 및 관리 프로세스

EBO는 새로운 성장사업을 발굴하기 위해 최고경영층의 후원하에 다음의 과정으로 진행되었다. 먼저 루거스너는 2000년 7월에 톰슨(John Thompson)을 EBO 책임자로 임명하였는데, 이후 톰슨의 주도하에 EBO 선정 기준 및 관리 프로세스가 마련되었다. EBO로 선정되기 위해 충족해야 할 조건은 다음과 같다.

- 전사전략과의 유기적인 연계: 회사의 전략적인 방향과 잘 맞는가?
- 조직 간 장벽 초월: IBM 내에서 여러 부서를 아우르는 새로운 사업을 창출할 수 있는가?
- 고객가치 제공의 원천: 고객에게 새로운 가치를 제공하는 신사업인가?
- 10억 달러 이상의 시장 창출: 3~5년 내에 10억 달러 이상의 시장으로

성장할 수 있는 잠재력을 보유하고 있는가?

- 마켓 리더십 확보: 산업표준 선점 등 IBM이 시장의 리더로 부상하는 기회를 제공하는가?
- 지속적인 이익 창출: 지속적으로 이익을 낼 가능성이 높은가?

이 조건에 따라 EBO 후보사업들을 평가한 결과 2000년에는 리눅스, 생명과학, 퍼베이시브 컴퓨팅, 디지털 미디어, 네트워크 프로세서, 이마켓(E-Market) 등 7개가 EBO 사업으로 선정되었다.

한편 톰슨의 뒤를 이어 EBO의 총책임자가 된 헤럴드(Bruce Harreld)는 'EBO는 제품 업그레이드나 기술 업그레이드가 아니라, 시장의 판도를 바꾸는 새로운 사업기회를 발굴하고 이것들을 상업화해서 수익을 만드는 것'임을 거듭 강조하면서, 대규모 사업의 진행경험과 그 과정에서 많은 것을 배우고 IBM 방식을 정확히 이해하는 사람을 EBO의 리더로 임명했다. 또한 새로운 사업을 추진하는 데는 속도가 매우 중요함을 강조하면서 신사업이 마일스톤별 목표를 달성하지 못하거나 고객과 잘 소통하지 못하는 것으로 판단되면 사업을 중지하거나 다른 사업으로 대체하는 데 주저하지 않았다.

개별 EBO 리더들은 EBO 총책임자는 물론 사업책임자(하드웨어, 소프트웨어, 글로벌서비스 담당 등)에게도 보고하였다. 이러한 이중보고체계는 전사차원의 협력 및 신속한 문제해결은 물론 마일스톤과 자원배분의 적정성을 전사차원에서 평가할 수 있는 기회를 제공해 주었다.

아울러 신사업 기회를 잘 포착하기 위해 1년에 두 번씩 회사 내부(IBM Fellow, R&D, 마케팅, 영업인력 등)와 외부(고객, 벤처캐피털리스트, 외부전문가 등)의 전문가로부터 새로운 아이디어에 대한 제안과 평가를 받는 공식적인 회의를 개최하였는데, 여기서 나온 아이디어들은 독보적인 기술, 새로운 사업모델, 매력적인 신시장 발굴에 큰 도움을 주었다.

이 과정을 통해 매년 150개 정도의 새로운 아이디어가 도출되면 스크린 과정을 통해 20개 정도로 줄인 다음 이들에 대한 세밀한 전략분석을 할 수 있는 작은 팀을 만드는데, EBO 총책임자는 팀 분석결과를 바탕으로 경영층 및 외부고객들과의 토론을 통해 EBO 선정 여부를 최종적으로 결정한다. 결국 150개 아이디어 중 몇 개만이 EBO로 선정되는 것이다.

한편 EBO 총책임자와 전략그룹은 개별 EBO 리더와의 월별 미팅을 통해 진행상황과 추진전략을 점검하고, 펀딩 및 인력확보 등 실행방안을 적극적으로 지원하였다. 이처럼 EBO에서 실행하는 사업들은 수익이 아닌 마일스톤별 진행상황에 의해 철저히 평가되므로, 마일스톤을 확실히 정하고 정기적으로 점검하는 일은 EBO 관리에서 매우 중요하다고 할 수 있다.

• EBO의 성과

EBO는 2000년 7개에서 2003년 25개(3개는 실패, 22개는 성공)로 증가하였는데, 이 가운데 15개는 EBO 졸업 후 성장사업이 되어 관련 사업부문으로 이관되었으며, 특히 리눅스(Linux)와 퍼베이시브 컴퓨팅(pervasive computing)은 성장사업 분야의 핵심이 되었다. 그리고 2006년 말 기준으로 보면, EBO 과정은 분권화되어 각 사업부문별 자체적으로 EBO를 개발하는 체제로 운영되고 있다.

2000~2005년까지 6년간 EBO를 통해 15.2억 달러의 매출을 달성하였으며, 2005년 말 기준으로 전체 회사 매출의 19%를 차지하였다. IBM은 EBO를 통해 기존시장에서의 성공적인 사업 영위는 물론 새로운 시장에서의 신사업 기회 창출을 동시에 달성하게 되었다.

(O'Reilly III et al., 2009; 장성근, 2010)

P&G의 FutureWorks

P&G는 2000년 래플리 회장이 취임한 직후 새로운 성장엔진을 발굴하기 위해 퓨처웍스(FutureWorks)라는 조직을 신설했다. 퓨처웍스는 새로운 사업영역을 찾고 M&A 등을 통해 새로운 사업을 추진하는 역할을 한다. 특히 눈여겨보아야 할 것은 퓨처웍스는 CFO가 직접 관리하는 'P&G 혁신펀드'에서 별도의 자금을 지원받고 있다는 점이다. 재정을 분리한 덕분에 퓨처웍스는 기존 사업조직과의 충돌이나 간섭으로부터 자유롭게 되었다. CEO의 전폭적인 지원 역시 매우 중요한 성공요인이다. CEO가 직접 관심을 표명하고 자신의 경험과 견해를 사업개발 초기단계부터 반영시켜 실패위험도 줄이고 사업실행력도 높였다. 퓨처웍스를 가동한 결과 P&G는 신개념 세차용품 등 신상품을 출시했고, 헬스케어 등으로 사업영역을 확장하고 있다.

(이안재, 2008)

3 혁신조직의 미래 전략

활용형 또는 점진적(exploitation) 신사업은 기존 기술능력이나 생산설비, 시장지식 등을 활용해서 신규 사업을 하게 된다. 이것은 비용도 적게 들고 성공 확률은 높지만 여기에만 전념하다 보면 혁신적인 제품이나 서비스를 개발하여 승부하는 경쟁 기업에게 도태될 수 있는 위험이 있다. 반면 탐험적 또는 급진적(exploration) 신사업은 기존 기술이나 시장과는 관련 없는 새로운 기술, 시장으로 진출하는 것으로, 불확실성이 커 비용이 많이 들고 성공확률도 낮다(김남국, 2009). 하지만 신규 개발 역량과 기존 핵심 역량을 결합해 차별화된 신제품을 개발할 수 있고, 기술과 시장의 변화에도 잘 대처할 수 있다(김남국, 2009). 따라서 기존의 신사업은 물론 장기적인 관점에서의 모험적 신사업 간에 균형이 필요한 것이다.

또한 유호현(2009)에 의하면, 신사업 전략을 세울 때, 신사업으로 새로운 트렌드를 창출할 수 있을지도 고려하는 것이 중요하다. 많은 CEO들은 매출에 큰 관심을 가지지만, 정말 고민해볼 문제는 신사업을 통해 시장 트렌드를 만들어내는 것이다. 애플이 주로 컴퓨터에 의존하던 전통에서 벗어나, 아이팟이나 아이폰을 통해 새로운 문화와 트렌드를 창출한 것은 주목해야 할 사례이다.

창조적 혁신을 위해서는 효과적으로 양손잡이 조직을 구축해야 하며, 이를 관리하기 위해 다음과 같은 관리 전략이 필요하다. 즉, 높은 수준의 제조 경쟁력과 스피드, 운용 효율성을 지닌 기존 조직은 오른손잡이 조직으로서 기존의 역량과 시스템, 문화의 근간을 유지하면서 점진적으로 창의성을 높여가야 한다. 그리고 보다 창조적 혁신을 위해서는 창조 경영에 맞는 새로운 역량과 시스템, 문화를 갖춘 별도의 독립적이고 자율적인 왼손잡이 조직을 만들어서 기술, 디자인, 비즈니스 모델 등의 창조적 혁신을 주도하도록 해야 한다. 창조적 혁신을 위한 왼손잡이 조직은 창의성, 전문성을 갖춘 도전적인 인재를 중심으로 구성할 필요가 있고, 조직 내 · 외부에서 이 같은 인재들을 광범위하게 확보한 뒤 고루 섞어야 한다. 왼손잡이 조직은 다양성과 개방성, 유연성 그리고 소통을 존중하는 조직 문화와 시스템을 구축할 필요가 있고, 실패로부터의 학습을 권장하는 조직 문화와 경영 시스템도 필요하다(송재용, 2011).

이러한 성공 전략의 많은 부분을 갖추고 있는 웅진씽크빅이 세계 1등 창조 기업이 되려면, 더욱 효과적으로 양손잡이 조직 운영을 해야 할 것이다. 웅진씽크빅이 앞으로 더 뛰어난 혁신을 이루어나가길 기대해본다.

참고문헌

국내문헌

구본희. 2011.「상상하고, 만들고, 공감하고, 나누는 웅진씽크빅 인재개발팀」.『월간인사관리』, 264:44-47.

김남국. 2009.「김영배 교수 인터뷰, '기술력+개발력' 양손잡이가 되라」.『Dong-A Business Review』, 45: 28-33.

송재용. 2011.『송재용의 스마트경영』. 21세기북스.

신수정 · 김도균. 2010.「혁신의 일상화로 세계적 창조기업 꿈꾸다」.『Dong-A Business Review』, 57: 68-74.

심재우. 2006.『GE의 핵심인재는 어떻게 단련되는가』. 스마트비즈니스.

유호현. 2009.「게임의 법칙 바꾸는 신사업 찾아라」.『Dong-A Business Review』, 43: 19-22.

윤석금. 2010.『서른살의 웅진이야기』. 웅진홀딩스.

이동훈. 2011. 08. 11.『뉴스핌』.

이안재. 2008.「신사업 '스컹크 조직'에 맡겨라」.『Dong-A Business Review』, 3: 44-45.

장성근. 2010.「양손잡이 조직을 통한 고객창조 R&D」.『LG Business Insight』(8.11): 17-24.

장유엔창. 2010. 하진이 옮김.『창조경영 구글』. 머니플러스.

정효진. 2010.「장점도 단점도 드러내는 게 혁신의 시작」.『동아일보』.

최봉수. 2010.『웅진씽크빅 2009 지속가능경영 보고서』. 웅진씽크빅.

황인경. 2011.「신사업은 별도의 전담 조직 체계로」.『LG Business Insight』(1.12): 41-48.

국외문헌

Birkinshaw, J., Bouquet, C., & Barsoux, J.L. 2011. "The 5 myths of innovation." *MIT Sloan Management Review*, 52(2): 42-50.

Boudreau, K.J., & Lakhani, K.R. 2009. "How to manage outside innovation." *MIT Sloan Management Review*, 50(4): 69-76.

Crossan, M.M., Lane, H.W., & White, R.E. 1999. "An organizational learning framework: from intuition to institution." *Academy of Management Review*, 24(3): 522-537.

Ghoshal, S., & Bartlett, C.A. 1994. "Linking organizational context and managerial action: the dimensions of quality of management." *Strategic Management Journal*, 15: 91-112.

Gibson, C.B., & Birkinshaw, J. 2004. "The antecedents, consequences, and mediating role of organizational ambidexterity." *Academy of Management Journal*, 47: 209-226.

Gundling, E. 2000. *The 3M Way to Innovation: Balancing People and Profit*. Kodansha Intl.

Hamel, G., & Breen, B. 2008. *The Future of Management*. Boston: Harvard Business School Press.

Jansen, J.J.P., George, G., van den Bosch, F.A., & Volberda, H.W. 2008. "Senior team attributes and organizational ambidexterity: the moderating role of transformational leadership." *Journal of Management Studies*, 45: 982-1007.

March, J.G. 1991. "Exploration and exploitation in organizational learning." *Organization Science*, 2: 71-87.

McGrath, R.G. 2001. "Exploratory learning, innovative capacity, and managerial oversight." *Academy of Management Journal*, 44(1): 118-131.

Mom, T. J. M., van den Bosch, F.A.J., & Volberda, H.W. 2007. "Investigating managers' exploration and exploitation activities: the influence of top-down, bottom-up, and horizontal knowledge inflows." *Journal of Management Studies*, 44: 910-931.

O'Reilly III C.A., & Tushman, M.L. 2004. "The ambidextrous organization." *Harvard Business Review*, 82: 74-81.

O'Reilly III C.A., Harreld, J.B., & Tushman, M.L. 2009. "Organizational ambidexterity: IBM and emerging business opportunities." *California*

Management Review, 51(4): 75-99.

Raisch, S., Birkinshaw, J., Probst, G., & Tushman, M.L. 2009. "Organizational ambidexterity: balancing exploitation and exploration for sustained performance." *Organization Science*, 20: 685-695.

Tushman, M.L., & O'Reilly, C.A. 1996. "Ambidextrous organizations: managing evolutionary and revolutionary change." *California Management Review*, 38: 8-30.

찾아보기

Abstract

Innovations of Woongjin ThinkBig

Seongsu Kim

Woongjin ThinkBig started its business under the leadership of CEO Yoon with just 7 employees in 1980. Despite its meager start, Woongjin ThinkBig has continuously introduced innovative books and ideas to the industry and eventually became one of the leading service providers in the publishing and related businesses

One of the key characteristics of Woongjin ThinkBig is its firm-wide emphasis on innovation. Faced with slow growth and ever increasing competition in the industry, the company launched a series of programs aimed at changing the attitude and behavior of employees so that they will become agents of innovation from within the company. This book details the process with which Woongjin ThinkBig engaged employees to change their attitude and behavior.

This book also explains the innovations that sprung out of the new initiatives that began within the company. After reading this book, readers will be able to understand the dynamics and details of the innovation process of Woongjin ThinkBig. This book was written for the purpose of education specifically for the MBA students at the Graduate School of Business at Seoul National University. However, anyone interested in corporate innovation will find this book useful and insightful.

Woongjin ThinkBig is famous for its 3 innovative practices: Inno-holic programs, Bravo activities, and Inno-valley programs. These practices changed the perspectives of the employees about their work and the meaning of innovation. Years of progressive programs at Woongjin ThinkBig became widely known to other companies. At a government-sponsored competition, Woongjin ThinkBig received the Grand Prize as the most innovative company from the Ministry of Knowledge and Economy in 2010. All these advancements at Woongjin ThinkBig can be understood from the perspective of contextual and structural ambidexterity, which is discussed extensively in the final chapter of the book.

:: 발간사

서울대학교 경영연구소의 '한국기업경영사 연구사업'은 한국기업경영에 대한 역사적 연구를 통하여 우리나라 기업경영의 역사와 변천과정, 그리고 이의 성과를 평가하고 미래발전에 대한 시사점을 제시하는 것을 기본 목적으로 시행되었으며, 그 연구의 결과로 본 총서 시리즈를 발간하게 되었습니다.

한국기업의 성장 발전은 과거 30~40년 사이에 매우 빠르게 이루어져 한국경제 성장을 견인하여 왔으나, 한국기업의 발전과정에 대한 체계적인 연구는 이루어지지 않은 것이 오늘의 현실입니다. 역사를 모르고선 우리나라 기업경영의 미래와 발전을 바랄 수 없습니다. 본 총서는 우리 기업의 발전과정에 대한 체계적인 연구를 통하여 선진외국으로부터 1950년대 후반부터 도입된 경영학과 경영기법들이 한국적 토양에 어떻게 정착되었는지를 고찰하고, 향후 지속적인 발전을 위한 학문적 연구방법 및 한국기업경영의 방향을 모색하였습니다.

본 연구를 토대로 서울대학교 경영연구소는 명실상부 한국기업경영사연구의 중추적 역할을 수행하며, 대학과 연구소의 국제적 경쟁력과 위상을 높일 수 있을 것으로 사료됩니다.

본 연구는 2004년 3월부터 42명의 서울대학교 경영대학 교수와 외부기관의 박사급 이상의 연구원이 공동으로 연구를 하였고, 주제는 산업별 역사, 기업경영사, 기업정책의 변천사 등을 총망라하였습니다.

본 연구총서가 학문적으로 국내외에서 유용한 연구자료로 활용됨은 물론이고, 우리 기업의 성장과정을 직접 체험한 기성세대에게 있어서 기업의 성장 발전과정에 관한 지식을 체계적으로 전달하고, 차세대 젊은이들에게도 유용한 정보를 제공하여 미래 한국기업경영의 방향을 모색하는 데 유익한 자료가 되길 바랍니다.

끝으로 밤을 밝히며 연구에 매진하여 훌륭한 연구실적을 내기까지 노력과 수고를 아끼지 않은 저자 여러분과, 본 연구를 위하여 기꺼이 연구비를 출연하여 주신 SK그룹, 현대자동차그룹, 삼양사에도 심심한 감사를 드립니다.

2005년 7월
서울대학교 경영대학 학장
서울대학교 경영연구소 소장

:: 저자 약력

김성수

서울대학교 경영학과 졸업

미국 University of Chicago 경영학 석사

미국 University of California, Los Angeles(UCLA) 경영학 박사

1997 – 현재 서울대학교 경영대학 교수(전공분야: 인사조직)

수상

우수강의상. 서울대학교 경영대학. 2012

우수연구상. 서울대학교 경영대학. 2012

대한민국학술원 우수도서 선정, 2011 및 2008

Mercer 최우수논문상(Mercer Award), 2004

한국인사조직학회 국제학술상, 2002

미국 경영학회(Academy of Management) 최우수논문상, 1997

저서 및 논문

「인적자원 아키텍쳐가 조직유효성에 미치는 영향」. 『노사관계연구』 13(2): 123 – 142. 2002.

「성과급 제도의 동향과 전망」. 『경영논집』 37(1): 29 – 44. 2003.

『전략적 인사관리』. 서울대학교출판부. 2006.

『한국기업 성과급제도의 변천』(공저). 서울대학교출판부. 2007.

「경영시스템의 변화와 혁신: Transformations of SK」. 『서울대학교 경영연구소 사례시리즈 2』. 우듬지. 2008.

『사원 만족도 관리 전략: 예스코의 변화관리』. 서울대학교출판부. 2009.

『한국 제약기업의 변화와 도전: 한올제약의 전략적 선택』. 서울대학교출판부. 2009.

『네오위즈의 인사관리』. 서울대학교출판문화원. 2010.

『한국기업의 성과주의 인사시스템 변천』, 서울대학교출판문화원. 2010.

『다음커뮤니케이션의 전략적 인사관리』. 서울대학교출판문화원. 2011.

『현대카드 현대캐피탈의 변화와 혁신』. 서울대학교출판문화원. 2011.

서울대학교 경영연구소 기업경영사 연구총서

01 **한국기업 배당정책의 변화** | 최도성 · 김성민

02 **한국기업의 서비스 품질 평가제도 변천과정** | 이유재 · 라선아

03 **한국 브랜드의 진화 및 발전** | 김재일

04 **한국 백화점 역사** | 김병도 · 주영혁

05 **한국 인터넷 기업의 변천사: 네트워크 경제의 실험과 형성** | 안중호 · 양희동 · 오상조 · 김은진

06 **우리나라의 기업공시제도: 공정한 거래와 투명한 정보제공** | 윤계섭 · 허희영

07 **한국 PC산업의 발전과정** | 김상훈 · 오정석

08 **한국기업 해외직접투자 전략의 변천** | 이동기 · 박남규 · 조영곤 · 김동희

09 **한국기업의 ERP 도입과 운영의 변천사** | 안상형 · 이창희 · 최강화

10 **한국 팀제의 역사, 현황과 발전방향** | 박원우

11 **기업세무전략에 대한 실증** | 정운오 · 박종일 · 박찬웅

12 **한국기업의 특허전략 변화** | 송재용 · 신현한

13 **한국기업 성과급제도의 변천** | 김성수 · 박찬희 · 김태호

14 **한국 온라인게임산업의 발전과정과 향후 과제** | 노상규 · 위정현

15 **한국 이동통신 서비스 및 단말기 산업의 변천과 발전방향** | 박철순 · 김성훈

16 **우리나라의 회계감리제도** | 이창우 · 유재규 · 고종권

서울대학교 경영연구소 기업경영사 연구총서

17 **개성상인의 현대경영학적 재조명** | 주우진

18 **한국 기업의 임금관리** | 최종태 · 박준성 · 이준우

19 **한국 장수기업의 성공사례: 삼양사 기업경영사 연구** | 신유근

20 **한국 전자산업의 마케팅 발전 과정** | 임종원 · 이한석 · 송상연

21 **한국 기업의 인사평가 변천사** | 박오수 · 김기태 · 전병준

22 **한국 자동차산업의 제품혁신 역사와 애프터마켓** | 김수욱

23 **한국 기업의 경영 정보 시스템 변천사** | 장정주 · 권순동

24 **한국 제약기업의 변화와 도전: 한올제약의 전략적 선택** | 김성수

25 **사원 만족도 관리 전략: 예스코의 변화관리** | 김성수

26 **한국기업의 경영사례** | 김수욱 · 이동기 · 조재호 · 김태웅 · 박재석 · 박지영 · 왕수봉 · 윤선흠 · 조정은

27 **네오위즈의 인사관리** | 김성수

28 **한국기업의 성과주의 인사시스템 변천** | 김성수

29 **다음커뮤니케이션의 전략적 인사관리** | 김성수

30 **현대카드 현대캐피탈의 변화와 혁신** | 김성수

31 **기업의 인재관리 전략: 하나금융그룹의 사례를 중심으로** | 김성수

32 **양손잡이 조직 웅진씽크빅의 혁신** | 김성수